U0118175

中美法政文化六談

中美法政文化六談

高全喜

香港城市大學出版社
City University of Hong Kong Press

國際統一書號：978-962-937-697-0

出版
　　　香港城市大學出版社
　　　香港九龍達之路
　　　香港城市大學
　　　網址：www.cityu.edu.hk/upress
　　　電郵：upress@cityu.edu.hk

Discussions on Chinese and American Legal and Cultural Thought
(in traditional Chinese characters)

ISBN: 978-962-937-697-0

Published by
　　　City University of Hong Kong Press
　　　Tat Chee Avenue
　　　Kowloon, Hong Kong
　　　Website: www.cityu.edu.hk/upress
　　　E-mail: upress@cityu.edu.hk

Printed in Hong Kong

目錄

自序

　　首先，我要感謝朱國斌社長的雅意，他早在一年前就向我發出邀請，希望我把自己的一些非論文類的學術小品交給他，納入城大出版社的《法政筆匯》。今天結集成書，心有戚戚焉，在此風雨蒼黃之時，城大出版社能夠出版我等感懷憂思之作，其情誼無復多言。

　　這些年來，我主治中西法政思想，尤其致力於中國立憲史，雖多以論文和專著為主，但也時有隨筆小品，特別是近兩年，在大學課堂講課日稀，反而面向社會各界，尤為江浙工商企業界人士講座日多，聽眾關心時政經緯、中外歷史和法政思想，視野開闊，經驗豐富，相互討論中於我多有助益。本書收錄的六部分文章，便是這兩年一些演講和座談的錄音整理稿，集中於美國和中國的法政與文明思想兩個部分。

　　在我看來，中國與美國並非截然分離的兩個政治共同體，在當今世界的大格局下，中美兩國環球一體，涼熱同懷，不過，我在此討論的不是兩國之間的國際關係，也不是時下熱議的脫鈎與折衝的時政問題，而是看似沒有聯繫的思想與主義的兩廂映照、曲徑通幽問題。在一個激進進步主義的世界潮流中，美國和中國都面臨着一個嚴峻的挑戰，即如何塑造與守護其國族精神的自由、共和與民主之真義。在此，如何理解保守主義，美國與中國的思想語境又是完全錯位的，換言之，美國是在自由憲政體制下的保守自由共和的問題，中國則是在強權舉國體制下的革命後之變革的問題。這本書對於美國和中國的

分析探討，重在法政之理和文明之義，由於時間和空間兩個層面的錯置，它們相互的勾聯又多有宛轉隱曲。在此望讀者諸君明察。

2021 年 1 月 25 日於滬上
2024 年 1 月 10 日修訂於滬上

中美法政文化六談

一、美國文化的源與流
漫談菲舍爾《阿爾比恩的種子》

　　與許多歷史悠久的國家相比，美國的歷史雖然看上去較為短暫，不過二百餘年，但美國歷史所蘊含的內容並非淺顯，而是充滿了非常豐富的歷史內涵。作為一塊新大陸，它並非完全一張白紙，而是其來有自，賡續傳承和融匯發揚了歐洲的歷史文化傳統；這個傳統甚至可以追溯到古希臘和羅馬。如果把這部分內容融入美國文化之中，那麼美國歷史文化，尤其文明傳統就一點也不讓於所謂的文明古國。實際上，追溯美國歷史，不能僅僅從美利堅合眾國之創建開始，而是應該從英格蘭移民到美洲創建自治領地開始。北美十三州的英國殖民史可以說是美國建國史的前史，而就文化來說，它們反而是美國文化的發源地，是美國文化精神的根基。正是這種精神鼓舞着美國人民創建了美利堅合眾國；所以，十三州的文化與政治及其新教精神可謂美國文化之源，此後二百餘年的美國文化則是這個源頭的蓬勃發展之流。

　　美國文化歷史學家菲舍爾（David Hackett Fischer）早在 1989 年出版的《阿爾比恩的種子 —— 美國文化的源與流》（*Albion's Seed: Four British Folkways in America*）一書中較為鮮明地提出了上述觀點，他重點考察和分析了早期北美的四波英國移民潮所形成的文化地域及其宗教信仰、生活方式、社會治

理和自由觀念等民俗與文化要素，認為它們構成了現代美國文化與自由制度的基礎，美國建國後的文化與歷史演變不過是這個源頭的延伸而已，萬變不離其宗；它們是美國文化中的不變的部分，或者説是美國文化的基因，猶如菲舍爾所使用的一個希臘詞匯的比喻，「阿爾比恩」最早是希臘人在公元前 6 世紀對不列顛島的稱呼，現今這個來自英國的文化種子已經在美國生根開花，枝葉繁茂。菲舍爾的這部著作上下兩卷近百餘萬字，涉及的內容很繁複，在談及美國文化的源流問題時，我主要是以這部書為藍本，汲取其精要部分，並結合當今語境，梳理一下美國文化以及美國自由的基本內容。具體來説，我大致談述如下四個方面。

第一部分是幾種主要的美國史觀，例如日耳曼起源論、邊疆史觀、新生活史觀，尤其是菲舍爾的歷史文化觀，它們的基本要點及其特徵，突顯其對於宗教之於美國文化的決定性影響的觀點。第二部分是百年四波英國移民浪潮，這是菲舍爾著作中最具有新意的人類文化學分析，他通過對於四波英國移民的深入分析，澄清了美國作為一個移民國家的新教特性，尤其是不同新教移民在信仰教派、生活方式、階級分層、社會治理和自由觀念等方方面面的異與同，所謂盎格魯・撒克遜文化（Anglo-Saxon culture）由此得到精準的定義。第三部分是同心圓開放的美國文化結構，這個概括是我提出來的，我認為在塑造北美十三州的四波英國移民浪潮中，他們在文化和信仰方面形成了一種同心圓的交叉互補的結構，這個結構具有保守性，但更具有開放性，尤其是由於在新大陸形成出來的這個結構，美國的地域民情導致了這種開放性要比在老歐洲更為具有生命力。第四部分是美國的基督教立國與憲法立國，我試圖結合今天美國總統大選的語境，從基督新教的美國立國和美國聯邦憲法的美國立國兩個層面上，分析解讀一些美國政治文化的宗教

與憲法問題，進而指出美國作為一個現代國家，其背後具有着非常深厚的基督教文明傳統。但美國又不是政教合一的國家，而是政教分離的國家，美國聯邦憲法創建了美國，但憲法背後的基督教信仰不可低估。要理解現代的美國政治，例如美國總統大選，應該從宗教與憲法兩個層面來予以考察。

諸種主要的美國史觀

　　一個國家必有其歷史敘事，美國也不例外。與那些歷史悠久的民族國家相比，美國的歷史敘事是比較單薄的，大致說來，主要有如下三種基本的類型，而且也是從歐洲歷史學界移植過來的。不過，儘管如此，美國人的歷史觀倒也相對簡單明瞭，不像法德等國家的歷史學那麼繁複糾結，來回折騰。除了那些局部枝節的歷史考辯之外，美國歷史學關於美國的主流歷史敘事，大多還是直面問題，就像菲舍爾在該書中所指出的，美國自由體系或自由制度的決定性因素是什麼，它們來自哪裏，包含哪些內容，具有什麼特性，並如何主導着美國社會的發展，這一系列問題也是美國歷史學的經典問題。關於美國的歷史敘述主要是圍繞着上述問題展開的，三種基本類型或三種美國史觀就是以此而演變出來的，首先是政治學取向的英美制度沿革論或者其原初形態的日耳曼起源論，其次是來自美國西部大開發的邊疆拓展史觀，這套理論受到地理環境論的影響，再者就是 20 世紀 60 年代以來的新社會史觀，菲舍爾的《阿爾比恩的種子》也屬這派新的美國史觀，但他又吸收了前面兩種史觀的很多內容，形成了以文化宗教為基準的、具有原創意義的美國史觀，影響巨大但也廣遭議論。總之，上述三種主要的美國歷史敘事，聚焦的問題意識還是非常明確並前後一致的，那就是美國的自由體制究竟來自哪裏，其決定性的要素是什

麼，為什麼能夠支撐着美國的繁榮發展，持續二百餘年而沒有衰退。這個自由體系，菲舍爾稱之為「自願社會」，其實就其含括的內容來說，實質上指的就是自由憲政與法治民主的制度，或者又稱之為美利堅合眾國的共和政體及其內在的宗教與文化的精神。下文我便對於上述的三種主流歷史學的美國史觀略作陳述。

日耳曼起源論

作為一種社會科學的歷史學，在美國學界的發育是相當晚近的事情，應該指出，關於美國自身的歷史敘事大致說來直到 19 世紀下半葉才真正開始，其標誌便是所謂的美國文明的「日耳曼起源論」。這種理論在美國歷史學界曾經廣泛流行，依照這派理論，美國社會的自由體制，尤其美國二百年來的蓬勃發展，主要是來自歐洲文明的移植和轉換，即歷史學家們所指出的日耳曼起源，自由體制從德國的黑森林流傳到英國，最後再由英國傳播到美國，成就了美國的自由法治與資本主義工商制度。

日耳曼起源論曾經在 19 世紀的歐洲歷史學界盛行一時，尤其是德國歷史學派的一些著名學者在追溯歐洲文明制度的起源時，非常看重古典時代北歐各民族（被統稱為日耳曼人）對於西方文化和西方社會的重大影響。這個歷史敘事最早可以追溯到古羅馬的繁盛時代，羅馬大歷史學家塔西陀（Tacitus）著有《日耳曼尼亞志》（*Germania*），凱撒（Julius Caesar）在《高盧戰記》（*Gallic War*）中也有關於日耳曼人的記載。德國歷史學家沿着這個路徑試圖重新編製一套歐洲中心主義的歷史觀，擺脫以拉丁民族為中心，關於歐洲的歷史敘事。美國當時的歷史學顯然受到德國理想主義和歐洲歷史觀的影響，他們重視制度的

歷史生成，試圖把美國的歷史起源與日耳曼人的歷史傳統聯繫起來，強調日耳曼民族中的自由、理性與習俗慣例的法制規範及其勇敢豪邁的精神。

不過，美國史觀的日耳曼起源論有一個重大的弱點，那就是美國的政治、社會與文化等制度載體，畢竟不是直接從日耳曼乃至從歐洲大陸的德意志和北歐諸民族演變而來的，而是自英國移民而來的，如果日耳曼起源論有效的話，那也是經過了英國的轉嫁，實際上英國的自由體制，尤其是英國屬性的盎格魯‧撒克遜民族，才是美國歷史的起源。雖然英國或不列顛也屬日耳曼民族的一支，但經過數百年以來血與火的陶冶，英國的自由與法治，乃至英國的基督新教精神和英格蘭民族的海洋氣質，已具有自己迥異於大陸日耳曼國家的獨特性質。由英國移民構建起來的美國以及建立在基督新教信仰之上的美利堅合眾國，如果說其歷史起源來自日耳曼的黑森林，不如說是來自不列顛之英國，英國與美國兩個民族與國家，衣缽傳續，一脈相承，英美制度與文化因襲演變，它們才是日耳曼起源論的精髓，美國的自由體系、普通法的規則以及宗教信仰和生活方式、道德倫常，還有私人產權、市場經濟和海洋貿易等，這一切都來自英國，英國或不列顛才是美國歷史敘事中的日耳曼起源的實質內容。

邊疆史觀

日耳曼起源論在當時就被一些歷史學家視為教條主義而加以反對，但苦於沒有強而有力的內生力量支持，隨着美國歷史的西部大開發以及美國建國後幾次對外戰爭的勝利，在 19 世紀末就孕育出一種彰顯美國自主性的歷史觀，即邊疆史觀，其代表人物是歷史學家特納（Frederick Turner）及其名篇《邊疆在美

國歷史中的重要性》（*The Significance of the Frontier in American History*）。這派理論顯然不滿意於日耳曼起源論乃至英美延續論中的制度傳承學說，而是強調美國民族的獨立創造性，在他們看來，美國歷史不是歐洲文明制度在北美新大陸的翻版或簡單模仿，而是美國人自己創造出來的，美國作為移民國家，早期的十三州深受英國的影響，但在經歷了獨立戰爭、費城制憲、南北戰爭以及貫穿其中長達近百年的西進運動（西部大開發）之後，作為一個獨立自主的國家成長與發展起來，成為新興的世界大國，究其緣由，美國西進運動中的邊疆開發扮演着極其重要的作用，美國歷史敘事的生命力俱在於此。

這派邊疆史觀受到地理環境決定論的影響，地理環境論也是歐洲歷史學的一種不同於制度史觀的理論，例如孟德斯鳩（Montesquieu）的學說就屬於這種地理環境論。特納等人接受了這種地理環境學說，並把它們運用到美國歷史的分析上。邊疆在這派理論中既是一種自然地理，與地緣、氣候、人口、種族等密切相關，但還包含着文明與制度的內容，諸如古時盎格魯・撒克遜人特有的議會制、陪審團和平等選舉權及其普通法等。美國早期歷史的西部邊疆開發，不僅是美國的拓土開疆，而且也是化野蠻為文明的進步運動。在開發邊疆的鬥爭之中，尤其是經過美英第二次獨立戰爭、美國與墨西哥戰爭，以及眾多對印第安人的戰爭以後，美國作為一個主體民族國家逐漸強大起來，作為合眾國之文明體制也得到鞏固和發揚光大。所以，邊疆在這派理論中就不僅僅意味着自然地理和土著人口等空間屬性，而且還具有時間和歷史文明的屬性，美國的西部邊疆作為一種野蠻的力量在遭受美國文明的馴化過程中，激發出一種從傳統農牧業到現代工商業的演變，這場持續百年的西進運動對於美國歷史是非常重要的，西部邊疆的成功開發決定了美國歷史敘事的進程。

從外緣西部邊疆來解釋美國自由制度的發展演進，雖然受到美國中西部歷史學家們的歡迎，但也遭遇美國東海岸傳統制度歷史學派的批評。他們認為邊疆史觀只是美國歷史的擴展部分，不是美國歷史的本源部分，基於英美一體乃至日耳曼理想主義的英美化制度移植才是美國歷史的生源論或本源論。但應該指出的是，邊疆史觀確實在破除生源論的制度教條主義方面，起到了很大的作用。它們建立了美國史觀的一個強有力的信條──那就是美國歷史是美國人創造的，邊疆開發與制度生產，乃至文明進化，主要都是美國人自己貢獻出來的。現代美國社會的工商資本主義、個人主義和法治民主等，都不是歐洲人的簡單移植，而是伴隨着美國的西進運動，以及進步主義的社會演進而自我發展起來的。美國的歷史力量和美國的自由體制在於美國人自身，美國早期歷史中的西部邊疆拓展便是一個成功的例證，雖然它們與殘酷地對待印第安人和對外的拓殖主義密切相關。由此可見，邊疆史觀並非歷史道義論，而是現實主義的歷史學。不過，從大的文明史觀來看，美國文明的成功突進確實是伴隨着血與火的鬥爭，是在一系列非道義的進程中演化而來的，這一點或許是美國歷史文明論中的最大悖論。

新社會史觀

　　邊疆史觀只是美國歷史學中的一時之論，到了20世紀中葉，這派理論就明顯過時了。其衰落的原因大致有二。其一，它沒有解決美國文明進程的制度根基問題，除了移民帶來的歐洲要素外，美國人自己所開創的複合聯邦制、總統制、司法審查制等，這些都促進了美國歷史的發展演變。其二，邊疆開發只是美國歷史中的一段重要進程，但不足以涵蓋美國社會的全部內容，美國歷史還需要一個傳承有續的敘事。邊疆史觀固然揭示了美國歷史進程的某種強有力的整合推動機制，但美國政

治社會的全面發展不在西部邊疆，而在包含邊疆在內的美國社會之中。

　　鑒於此，在邊疆史觀衰落之後，美國歷史學界繼而興起的是一種被稱之為新社會史的理論。這派理論不再關注於前兩個學派的那些注重宏大歷史敘事的內容，而是轉向社會具體問題的分析研究；換言之，新社會史不再以美國歷史的源起和趨勢為導向，而是以具體問題為導向，不再糾結於自由體制的結構與變量，而是專注於美國社會的一系列問題，諸如種族、家庭、性別，或者職業、教育、信仰、生活方式和道德倫理等，由此形成對於美國社會文化和歷史發展的認識。在這派史學中產生了一系列具體關於美國社會方方面面的調查與研究著作，豐富了美國歷史學的內容，在傳統的政治制度史、軍事戰爭史和商業貿易史之外打開了一個新的天地，呈現了美國社會生活中的種族、家庭、教育、信仰、職業和習俗等方面的真實狀況。

　　新社會史的研究由於偏重於具體問題，就美國史觀來說，往往是只見樹木不見森林，這派理論的浪潮在 1960 年代熱鬧了一陣子後，在 80 年代開始有所減退，美國史學還是回到了經典問題上來。不過，20 世紀下半葉的美國史學不再是一枝獨秀，而是多元並舉，各擅勝場，隨着歐洲史學各派新舊觀點的衝擊，美國的歷史敘事在上述三個大的理論譜系（制度史、邊疆史和新社會史）中左右震盪，並試圖爆發新的理論超越。

宗教文化史觀

　　菲舍爾的學術背景來自新社會史學，他的著作從某種意義上也屬新社會史的一部分，即他通過人類學的分析研究方法，來剖析美國早期移民的宗教觀及其生活方式，這可以歸屬於新

社會史中的文化史問題研究。但是，由於菲舍爾在思考和撰寫《阿爾比恩的種子》的時候，新社會史已處於衰落時期，他非常清晰地看到了這派史學的一些弱點，所以，他在書中對於美國文化源流問題的考量，就不再局限於新社會史的範疇，而是充分吸收了前述兩個史學派的研究範式和問題意識，並且通過獨特的對於美國早期建國前的四波英國移民的宗教信仰、生活方式、社會治理和自由觀念等方方面面的調查研究，試圖重新回答美國史的經典問題，即美國自由體制的決定性因素是什麼，以及它們的具體結構和歷史演變。尤其是結合菲舍爾在《阿爾比恩的種子》一書完成後，還計劃作為系列著作而繼續寫作的其他著作，如殖民時代的文化與環境問題，獨立戰爭作為一種文化運動問題，共和國創建時期的文化變遷，以及南北內戰作為一種文化衝突，這些著作構成一個系列叢書，非常明確地表現出菲舍爾的歷史觀已突破了新社會史觀的局限，進而創立了一種新的宗教文化史觀。

菲舍爾的宗教文化史從某種意義上說是開闢了一個不同於上述三種史觀（制度史、邊疆史和生活史）的新歷史理論。它以宗教文化為中心內容，採用的方法是人類學的實證方法，而不是宗教文化的規範主義方法。從內容上看，這部《阿爾比恩的種子》涉及歷史學、宗教學和人類學等多個領域，但是其問題意識還是非常集中和明確的，那就是它要試圖回答美國作為一個自由的體制，其二百餘年的生長、發展和演變，決定性的因素是什麼，這些因素是如何構成的，它們的融匯與張力是什麼，由此形成的美國文化為什麼與歐洲文化有着重大的不同，而且為什麼美國文化具有非凡的生命力，並且宗教文化的精神已經注入美國制度文明之中等。顯然，這些問題都具有普遍性，屬經典性的美國歷史學問題，這樣就使得菲舍爾的作品不再屬新社會史，也不屬文化史乃至人類學的著作，而是結合

或融合了美國的制度學說和主體動力學說。菲舍爾的獨特貢獻在於，他把美國早期的英國移民所信奉的基督新教及其社群組織，視為美國歷史文化的源頭，認為它們在美國敘事中佔據舉足輕重的核心地位；或者說，美國的自由體制主要來自四波英國移民基督新教的信仰，這又被稱為美國的盎格魯・撒克遜人的基督教信仰。

美國是誰？來自哪裏？走向何處？其實在薩繆爾・亨廷頓（Samuel Phillips Huntington）之前，菲舍爾就曾經提出過這樣的問題，所不同的是他採取的不是抽象理論的方式，而是用人類學、宗教學的實證調研方式，提出了這個問題並給予了明確的解答。菲舍爾在《阿爾比恩的種子》一書中，通過歷史宗教學的比較方法，對美國最早四波英國移民的方方面面給予深入細緻的分析研究，分列了數十種指標函數，涉及諸如語言、建築、家庭、婚姻、性別、性、哺育、姓名、年齡、死亡、宗教、巫術、學習、文字、飲食、服飾、運動、工作、時間、財富、繼承、等級、聯合、秩序、權力、自由等定性定量的統計分析。大致劃分一下，上述各項指標可以分為四個主要的部分，第一部分屬一般生活，包括世俗生活的各個方面；第二部分則是精神生活，包括宗教、魔法和信仰等精神生活內容；第三個部分主要是關於經濟活動與社會治理的內容，涉及不同的教派群體如何組織起來從事物質生產以及社區治理的方式等；第四部分則主要是不同教派和社區人們關於秩序、權力與自由的觀念，這就涉及到價值觀和公共政治問題。上述四個部分數十種指標函數的分類和統計，並不是簡單的事實陳述和客觀描繪，菲舍爾通過這些詳實的田野調查和分析研究，旨在回答美國歷史敘事的經典問題：一個自由的體系或國家制度，其決定性的要素是什麼，並且是如何促進美國社會的發展，致使美國得以繁榮壯大和茁壯成長。

菲舍爾的宗教文化史觀有別於前述的三種美國歷史觀，成為一種頗具獨創性關於美國文明史的敘事。不過，正像菲舍爾所陳述的，他的歷史觀不是從零開始，而是很好地吸收了起源論、邊疆論和移民論（新社會史）的部分內容，並把它們結合在一個新的框架之下，修正或重新回答起源論的問題，即強調英國作為美國文化的根源的重要性地位，突顯基督教信仰對於美利堅民族的凝聚性力量，從盎格魯·撒克遜到美利堅的歷史演進是衣缽相繼、一脈相承的。由此可見，美國是誰？從哪裏來？向何處去？這些對於美國人來說的根本性問題也就有了明確的答案。從宗教文化學的視角來看，菲舍爾的理論實際上提出了一個同心圓開放的美國文化結構，並且賦予了基督新教信仰促進美國自由體制的本質問題，這個問題顯然超出了一般人類學、宗教學和文化學的範圍，觸及政治學、憲法學乃至政治神學的相關問題，由此使得這部著作具有了多個層面的意義，引發激烈的爭議也就勢所難免。以下我人會具體分析菲舍爾的基本觀點，並從政治學的視角對這部書的價值與意義提出自己的看法。

四波英國的移民浪潮

美國是一個移民國家，最早的移民群體來自英國。英國的清教徒移民北美新大陸，像人們熟知的五月花號的故事，這些清教徒在新大陸定居生存下來，他們繁衍生息形成了美國社會的起源。這個說法沒有什麼錯誤，但並不全面和準確。菲舍爾在書中非常全面而詳實地提供了一個美國早期來自英國或不列顛的地形圖，包括時間、地理位置和宗教團契，以及上述數十個指標分類等具體內容，這個歷史學的田野調查和分析研究，是菲舍爾在書中所做出的最有價值的貢獻，它使得讀者確切完

整地了解到早期美國的英國移民全過程及其相互之間的異與同，從而豐富了這段重要的美國史的內容。

按照菲舍爾的說法，從 1629 年到 1775 年的漫長時期，先後有四波說英語的移民遷徙到現今的美國領土上居住。第一波是 1629 年至 1640 年期間從英格蘭東部逃到馬薩諸塞州（Massachusetts）的清教徒；第二波是 1642 年至 1675 年期間從英格蘭南部移民到弗吉尼亞州（Virginia）的一小群忠於王室的精英分子和他們的契約奴僕；第三波是 1675 年至 1725 年期間從英格蘭中北部和威爾士（Wales）遷徙到特拉華山谷（Delaware Valley）的移民；第四波是 1718 年至 1775 年期間從北不列顛和北愛爾蘭的邊境遷徙到阿巴拉契亞邊區（Appalachia）的移民。這四個群體有很多相同的特質：都說英語，幾乎都是英國新教徒，大多遵循英國法律，並崇尚英國式的自由。與此同時，他們也有很多差別：宗教派別、社會等級、世代順序，當然還有他們來自的地區。他們橫穿大西洋，帶來了四種不同的不列顛民俗，並奠定了新大陸不同地域文化的基礎。到了 1775 年，這四種文化在英屬北美已經扎下根基，這對於美國的政治史非常重要，從一開始美國就有四種關於秩序、權力和自由的不同觀念，它們最終成為美國自由社會和自由體制的基石。為此，菲舍爾在《阿爾比恩的種子》一書用幾乎絕大部分的篇幅，詳盡分析了上述四種移民群體的文化生活狀況，以下我分別予以簡單介紹。

新英格蘭的清教徒

第一波到達馬薩諸塞的是英國的清教徒，他們把登陸定居地稱為新英格蘭，以區別於他們的原籍地。在這一波移民中，「阿貝拉號」是 1630 年開往馬薩諸塞的十七艘船之一；此外，「五月花號」也是最早到達北美的船舶之一，它因全體清教徒

移民簽訂《五月花號公約》(*Mayflower Compact*) 而稱著於世。在連續十一年時間裏,大約有八萬男女老少離開英格蘭的故鄉而遷徙到北美的馬薩諸塞等地區。這批移民來到北美並不是受到新大陸的吸引,而是逃避英國君主查理一世 (Charles I) 的暴政。他們沒有想到的是,這次大規模的逃難海外卻引發了一個新世界的開始,美國歷史由此展開。

當時的英格蘭本土雖然也接受了基督新教,但官方主導的國教是英國聖公會。聖公會是一種比較獨特的新教,與歐洲大陸的加爾文宗 (Calvinism) 和路德宗 (Lutheranism) 有所不同。它保持着某種政教合一的性質,聖公會把英國國王推崇為教會領袖,是聖公會首腦;坎特伯雷大主教 (Archbishop of Canterbury) 是首席大主教,管理英格蘭的教會事務。聖公會對於深受加爾文宗影響的英國清教徒並不友好,甚至採取排斥打擊的政策,尤其在查理一世時期,英國聖公會開始殘酷迫害居住在英格蘭東盎格魯 (East Anglia)、林肯郡、劍橋郡和肯特郡東部地區、信奉加爾文宗的清教徒,致使在英國內戰之前的數十年內,大批的清教徒紛紛外逃。當然,並不是所有的英國清教都移民到了北美新大陸,也有一部分人到了大西洋的一些島嶼,還有一些人到了歐洲,但清教徒的主體部分大多還是移民到了美國。這批清教徒是由於宗教迫害被迫移民來北美的,所以,他們的心靈深處依然具有着不屈的自由種子,尤其在這批清教徒的領袖裏,他們不是到北美東海岸過世俗生活的,而是要實現他們在舊英格蘭不曾實現的夢想,建立一塊基督教信仰的新世界;所以,簽署《五月花號公約》,把新居住地命名為新英格蘭,都是這種新教精神的體現。

鑒於此,在馬薩諸塞等新英格蘭地區,清教徒們遵循着他們的教會信仰,披荊斬棘,生根發芽,創建了自己的精神家

園，即首次在新大陸建立起一種組織體制、信仰體制和生活方式，這些由貫穿到他們的建築、服裝、飲食、交往、婚姻、性關係、子女教育、工作和對於財富、秩序、權力和自由的觀念等諸多方面。首先，屬靈的生活在第一代清教移民中佔據核心的地位，他們把在新大陸建立聖經共和國，建立山巔之城，成為人類生活的典範，為此清教移民中的九十位牧師發起成立了公理教會，這個教會的要求甚至比歐洲的加爾文教會都要嚴格，但馬薩諸塞的多數城鎮裏，第一代移民大多加入了這個教會，公理教會不但管理着居民的精神生活，而且還管理着城鎮的公共事務。這種清教徒佔據主導的生活形態構成了新英格蘭地區的主要特徵，成為北美新大陸的樣板，為後來的英國移民所學習借鑒。

新英格蘭的教會治理具有特定的社會經濟基礎，因為當時的清教徒在英國時期的經濟狀況就非貧苦階級，他們屬中等收入的中產階級，既不是貴族豪富階層，也不是下層的平民百姓，而是當時的工商業者、小土地所有者、手工作坊的老闆。這些人移民到北美，大多帶去了大概從幾百英鎊到上千英鎊的財產，這在那個時期已經是很有錢的人。也就是說，這些清教徒即使在英國，也屬非常殷實、職業穩定的市民中產階級，他們來到新大陸，不是為了解決經濟生活之不濟，而純粹是為了信仰問題。這批移民一般不是單獨一人，而是一家人男女老少一起移民到北美，他們的生活以家庭為中心，忠實於婚姻，注重子女教育。在職業上，他們大多從事土地經營、店鋪買賣、商品貿易等；他們守法治理，注重誠信，恪守新教倫理，強調平等合作，關注信仰上的自由。這批移民的精英組成了公理教會，並且成立了自治的城鎮治理機制，管理社會治安以及相關的公共事務。像托克維爾（Alexis de Tocqueville）後來考察之後所指出的，新英格蘭的地方自治和城鎮治理，在北美具有獨創

性的意義，它們要優越於英國的社會治理，在北美東海岸逐漸建立起來，成為美國建國、發展與壯大富有活力的細胞，即便到今天依然佔據舉足輕重的地位。這一制度形態是由第一波清教移民首先創建出來的。

宗教生活的教會管理，公共事務的地方自治，居民參與選舉的治安管理，加上沿襲使用的英國普通法，還有相對平等的中產階級經濟狀況，就使得新英格蘭地區成為一塊北美新大陸的典範之地，由此產生了孕育在這塊繁榮之地的有關自由的觀念。由於其深受基督清教的影響，它還不是個人的自由，而是社區的自由，或公共自由，這種自由的觀念在馬薩諸塞的創立者和領導者所寫的「新英格蘭的自由」或「波士頓的自由」中得到張揚，它們屬城鎮的自由，二百年來，所謂「美國的自由」其核心也主要系於此。應該指出，這種公共自由還不是純粹個人性的自由，它與群體密切相關，屬一個群體的自由，或者又叫做公共自由，它強調的是一種規則秩序的下的自由。這種自由還不是我們後來理解的那麼完全獨立的個人主義自由，但是，這種自由又不排斥個人自由，尤其是個人在信仰和良知等方面的自由，英國清教徒之所以移民北美，就是為了免於迫害，追求個人信仰和良知方面的自由。新英格蘭的自由觀念，在美國的影響是巨大而深遠的，這種自由不是完全功利主義的自由，也不是極端個人主義追求財富的自由，而是崇尚一種群體性的公共生活，在人們相互扶持、相互幫助、相互團結的秩序下，形成一種有序的自由，這是新英格蘭清教主義的理想。

弗吉尼亞的聖公會保王黨

緊隨其後的第二波英國移民是來自英格蘭南部的一群忠誠於英國王的聖公會保王黨人，他們在著名的勛爵威廉·伯克利

（Sir William Berkeley）的帶領之下，定居在北美的弗吉尼亞地區。這批英國的貴族精英人士，他們在當時的英國內戰時期，支持查理一世國王，為國王而戰，直到遭受議會軍隊的打擊而失敗，看着查理一世被送上斷頭台，才不得不舉家帶着各自的契約奴僕遠赴海外，定居在北美的弗吉尼亞地區。雖然與清教徒差異很大，但在逃避迫害而移民北美卻是大致相同的。同樣，這批保王黨也不是白手起家，他們也是帶着他們的一套制度和治理模式來到新大陸的，尤其是在伯克利這位傳奇性的人物的領導之下，他們在北美開創了一種與馬薩諸塞清教模式不同的新模式，並且成為影響深遠的北美殖民地的典範之一，對於美國的構建和發展起到了決定性的影響。

1642 年伯克利爵士抵達弗吉尼亞的時候，這裏僅有一些簡陋的居民定居點，可謂經濟凋敝，治安混亂，社會千瘡百孔，民風粗野刁橫。伯克利帶領移民群體定居於此，便開始改造治理，兩年後他擔任弗吉尼亞皇家總督，更是勵精圖治，陸續頒布弗吉尼亞法律，制定與改組弗吉尼亞議會，建立殖民地精英家族治理隊伍，把蘇格蘭那一套社會等級制度移植到弗吉尼亞自治領，把遵守法律、崇尚權威、忠誠家庭、努力工作、報效國家（王室及其貴族）等行為準則推廣到每個定居點和移民家裏，成為普遍遵守的社區公約。在伯克利統治的 35 年期間，弗吉尼亞發生了翻天覆地的變化，它的人口增長了五倍，從 8,000 人發展到 4 萬多人，社會狀況井然有序，經濟運行發展良好，民情風俗返璞歸真，成為北美移民群落紛紛嚮往的地區。

弗吉尼亞之所以治理有方，首先要歸功於伯克利勛爵，他出生於英國西部很有權勢的家族，早年求學於倫敦，深受英國貴族精神的熏陶，他帶領一群保王黨移民北美，身懷在新大陸重建英國體制的雄心，所以把他理想中的治理方案施展出來。

其次，據說也是伯克利最大的貢獻，就是他啟用了一批精英家族成員作為他總督弗吉尼亞殖民事務的忠臣幹將。這些第一代的精英人物大多畢業於英國的劍橋大學和牛津大學，大多來自英國的上層社會，伯克利把概括的土地經營權交給他們來經營，使得他們大賺其錢，後來在查理二世（Charles II）復辟期間伯克利又回國招募新的精英人士移民弗吉尼亞，充實他的治理團隊。總之，弗吉尼亞在伯克利勛爵和一批精英群體的治理下得到了快速的繁榮與發展，建立起一種不同於其他移民群體的新典範模式。此外，應該指出的是，弗吉尼亞的精英群體及其家族前後相繼為美國貢獻出一大批傑出的人物，在美國的創建和發展中曾經發揮過重要的作用，例如，喬治‧華盛頓（George Washington）、傑斐遜（Thomas Jefferson）、麥迪遜（James Madison Jr）、門羅（James Monroe）、羅伯特‧李（Robert Edward Lee）、喬治‧馬歇爾（George Catlett Marshall Jr）等，就是其代表。

基於其等級社會的經濟狀況和聖公會傳統，跟隨着伯克利一起到達弗吉尼亞的移民群體，不同於清教徒。他們原先在英格蘭就是等級分明的兩個階級，即封建主和他們的契約奴僕，這種社會結構也一併被帶到了北美的弗吉尼亞移民自治領地。一小群上層精英統治者和一大批契約奴僕，雖然在後來的社會演進中逐漸在法律地位上達成平等，但他們之間的社會關係和生活方式等諸多方面還是涇渭分明的，等級制度和經濟上的不平等依然普遍存在。在政治上，大部分移民及其後裔也是傾向保守的，這還表現在他們的宗教信仰上面，在弗吉尼亞佔據主導地位的是聖公會，伯克利曾經頒布法律要求殖民地統一遵守英國國教的宗規和章程，敦促那些不信國教的清教徒離開本地。此後一個世紀以來，弗吉尼亞的宗教生活都受到上述規定的約束，人們信仰活動的方式是儀式性的和等級性的，這與新英格蘭的公理教會有很大的區別。

説起來弗吉尼亞的政治文化與英格蘭南部和西部的特性有着密切的關聯，都有廣泛的社會不平等，都有穩定的農業和鄉村居住模式，也都有大地主把持的寡頭制和保王黨為特徵的政治以及聖公會信仰。雖然這批移民在北美的弗吉尼亞及其廣袤遼闊的切薩皮克灣區（Chesapeake Bay）扎下根來，但並沒有徹底改變其傳統的生活習俗，英國和北美兩種歷史與地緣環境的交匯，在百年的進程中塑造了弗吉尼亞人特有對於秩序、權力和自由的觀念，並且深刻影響着美國政治社會的歷史演進。弗吉尼亞人非常注重社會秩序以及家庭倫理，由於社會的等級差異表現在行政管理和財富佔有等各個方面，這就形成了他們對於權威的尊重意識以及關於榮譽、尊嚴和自我約束的意識。不過，弗吉尼亞人也追求自由，視自由為安身立命之本質，但他們理解的自由是一種等級性的自由，或稱之為支配性的自由，而不是完全個人性的自由，也非馬薩諸塞人的公共自由。這種等級性的支配自由早在英國就是存在的，它們的存在依賴於法治原則，即法律的統治而非強權的統治使得這種不同等級下的個人自由權利獲得救濟和保障。

　　在英格蘭和弗吉尼亞，情況都是如此，你處於何種等級之下，你就享有何種自由。在法律的保障之下，你的獨立和權利不受侵犯，這樣由法律形成的社會秩序，就為每個人的自由發展奠定了基礎，尤其是在北美廣闊的大地上，每個人都可以憑藉自己的能力，攀登更高的社會等級，追求更大的財富，獲得更高的榮譽，實現更輝煌的夢想。等級性的支配式的自由觀念，看上去並不自洽，有着內在的矛盾和張力，但在弗吉尼亞，在北美大地，它們確實可以奇妙地組合起來，成為自由的一種形態，成為人們後來熟知的美國夢的一個內在組成部分。

賓夕法尼亞的貴格會

早在 1650 年代，就有一些英國的貴格會（Quakerism）教徒遷徙到北美的新澤西，只是到了 1675 年，大規模的貴格會成員才開始集體性的移民，其中尤以 1682 年的移民遷徙達到高潮，有 2,000 多位移民使用了 23 艘船，千辛萬苦抵達特拉華灣，其中就有貴格會的領袖人物威廉・佩恩（William Penn）以及數百位虔誠的貴格會教徒，他們在此建立了賓夕法尼亞殖民地。貴格會移民北美一直持續到 18 世紀初期，從 1675 年至 1715 年四十年間，總共約有 23,000 位移民來到特拉華灣廣袤的地區，形成了第三波英國的移民浪潮。

英格蘭貴格會也是基督新教的一種，其因為部分教義尤其是拒絕支付教會稅而受到英國聖公會的打擊迫害。遷徙到賓夕法尼亞的貴格會依然保持着他們的上帝信仰，建立起貴格會的北美教會。在神學、教會藝術和聖經注釋等方面，貴格會與清教徒和聖公會差異很大，清教徒崇拜的是一個愛恨交加神秘莫測的神，聖公會崇拜的是偉大而至尊的全能之主，貴格會神學的核心理念則是靈光，認為耶穌給人類的靈魂種下了神聖的善和美德。貴格會不贊同聖公會觀念中的社會等級性，也否認加爾文教派的有限救贖，而是認為每個人可以平等地通過虔誠的生活而得到拯救。為此，貴格會創造了一個有力的集體約束機制，涉及婚姻、性、服飾、飲食、商業倫理、言論、政治和法律等諸多方面。貴格會由於其深入地扎根於北美特拉華灣區，並且能夠與時俱進，所以自 18 世紀以來得到快速發展，到 1750 年，就成為英國殖民地的第三大教派，擁有 250 多個聚會所，僅排在公理會（465 個）和聖公會（289 個）之後。

從社會經濟層面來看，貴格會信徒不同於聖公會保王黨的大土地和平民等級制，也不像清教徒他們是殷實的中產階級，而是一些中下層的人民大眾，主要的職業是城鎮的手工業者、工廠勞動者、店舖的學徒，耕種自己土地的農民等。這個階層的民眾大體上較為平等，對外來的群體比較開放，富有同情心，兢兢業業，勤儉持家，他們由於精神的需要，聚集在一起，信奉貴格會的教義，過一種團契的生活。這些中下層的移民群體本來很容易漫無秩序地掙扎在生活的重負之下，但是，貴格會把他們聚集在一起，不僅提供精神上的慰藉，而且還建立起一種社會的秩序，在半個世紀以來，貴格會制定了多部法律，分配了土地，決定了移民政策，建立了有效的制度。尤其值得指出的是，貴格會通過確立與不同民族之間相互溝通、和平共處的原則，很好地處理了特拉華山谷此後大量的外來移民，把他們的有關社群、秩序、權力和自由的理念貫徹到社會治理的制度之中，即便在貴格會在人員構成上成為少數之後，他們的價值觀對特拉華山谷和賓夕法尼亞等地區制度結構的影響持續了數百年，並且深刻地影響着美利堅合眾國的構建。其中的一個經典例證，就是貴格會與德國虔誠派的關係，對於這些族裔來自德國西部、瑞士和阿爾薩斯等非英格蘭的虔誠派清教徒，特拉華的貴格會友好地接受了他們，使他們居住於此，兩者和平相處了很長時期，政治上長期攜手，共同打造了北美的一塊新天地。

賓夕法尼亞、特拉華、新澤西等地區之所以能夠出現如此的景象，實乃得益於貴格會的領袖威廉·佩恩以及他組建的精英群體。作為英國海軍將領的兒子，他不滿於當時的宮廷政治，而是信奉和平主義，成為虔誠的貴格信徒，在政治上他加入輝格黨（Whig party），因為反對專制統治，倡導心靈自由，而被關押於倫敦塔。後來他成為貴格會領袖之後，在不列顛四

處傳道，最後組織貴格會大批移民北美，在賓夕法尼亞建立了殖民地。佩恩在賓夕法尼亞和特拉華的事業對於他來說，屬一種理想主義的實驗，他要建立一個不同信仰的人和平相處的社會，大家和諧相處，親如兄弟。為此，在他的周圍形成了一個貴格會的精英團隊，輔助他實現自己的理想。貴格會的精英體制不同於聖公會的精英家族，他們不是因上層階級的繼承而組成起來，而是由於他們的虔誠信仰和社會治理能力獲得的。

佩恩和貴格會精英控制着賓夕法尼亞政府長達七十年，在這期間，他們締造了一個不同於新英格蘭和弗吉尼亞的政治體系。貴格會的宗教原則深入介入這個政治機制，政府的公共事務乃至私人領域都受到宗教原則的約束。在制度層面上，賓夕法尼亞很早就出現了政黨組織，允許貴格會商人結成聯盟，不同政黨可以發表政綱，展開競選。此外，還允許族群政治，不同族群可以從事合法的政治活動，還有，賓夕法尼亞政府也允許地方制度，社會治理由人民選舉的委員會組織實施，城鎮官員、法官和警察等具有獨立的行政權力，這些都不同於聖公會把教會與行政混淆在一起的現代特徵。

信仰、秩序與自由，這是賓夕法尼亞以及特拉華地區的貴格會精神之表徵，它們典範性地體現在時至今日依然存在的費城議會廣場的自由鐘上面。在一般人心目中，費城的獨立宮和它下面的自由鐘，多與美國革命相關聯，是美國獨立革命的標誌，其實並非如此。早在 1751 年，賓夕法尼亞議會為了紀念威廉・佩恩於 1701 年發布保障當地居民自由權利的《權利憲章》五十周年，而購買了這個大鐘，其意義是為了紀念賓夕法尼亞的貴格會奠基人所倡導的自由理念。《權利憲章》的主旨是「在遍地給一切的居民宣告自由。」這個自由鐘揭示的是貴格會的相互自由的理念，這個自由理念重點在於宗教自由，即威廉・

佩恩所説的「良知的自由」。良知自由是貴格會主張的平等地適用於所有人的自由的一種，此外，貴格會還確認了三種世俗的「英國人的權利」：第一，生命、自由和財產的權利；第二，代議制；第三，由陪審團審判的權利。在賓夕法尼亞，這些自由權利遠遠超出了馬薩諸塞、弗吉尼亞和英格蘭賦予的權利。貴格會的自由理念和各種權利主張在後來的美國獨立戰爭和制憲建國中得到更加深入和長遠地汲取，成為美國政治文化和憲法制度的一個重要的根基。

阿巴拉契亞山區的長老會

遷徙到北美的英國移民的第四波也是最後一波主要是來自北不列顛邊境的群體，説起來這批移民早在 17 世紀就稀稀落落地來過，但從 1718 年之後，他們開始大規模地湧現，並且不是一次性的浪潮，而是不斷地湧來，前後有多次潮流，持續達半個多世紀，總數超過 25 萬人，直到獨立戰爭之前才告結束。這批來自北愛爾蘭、蘇格蘭低地和英格蘭北部的移民，他們信奉不同的宗教，主要是蘇格蘭長老教會的信徒，並且帶着非常鮮明的原初地方生活特徵和習性，他們的到來，為新世界帶來了另外一種英國文化。

第四波移民與此前的移民有很大的差別，他們的動機不同於新英格蘭的清教徒、特拉華的貴格會和弗吉尼亞的保王黨，在北不列顛，沒有人談論「神聖實驗」、「山巔之城」，他們來到北美是為了尋找更好的物質生活條件，是為了改善貧困的生活，追求財富和金錢而來的。就這批人數眾多的來自北不列顛不同地區、不同族群、生活方式和性格各異的移民來說，他們的經濟狀況大多比較貧困，多是獨立的自耕農、沒有土地的農場僱工、有一定技能的工匠、手工紡織者，還有城市的失業者

和破產的商人和企業家等，職業成分很龐雜，屬社會中下層，少有社會上層人士或紳士；擺脫過去的生活窘境追求新的物質財富和職業經營，是他們移民的主要目的。就宗教信仰來看，這批移民群體也較為駁雜，來自北愛爾蘭和蘇格蘭的大多是長老派信徒，也有一些羅馬天主教徒，來自英格蘭邊境的多是聖公會教徒，也有信奉其他一些小的新型教派，後來成為福音派的教會。由於這些教派相互之間並不友好，這批移民又被稱之為好鬥的基督徒，這種粗獷好鬥的風格也有北部山地民族的兵勇氣質有關，例如，著名的卡梅隆戰鬥團就是軍隊中的以宗教領袖名字命名的軍事團隊，這種風氣也貫穿到移民的生活之中。

這種北方性格充沛以追求物質生活為主的移民群體，他們大規模地湧到北美新大陸，自然不會受到那些有着濃厚宗教氣氛的殖民社區所接受和歡迎，歷經曲折，他們迅速地從費城往西遷移至內地連綿的群山之中。很多人沿着馬里蘭、弗吉尼亞和卡羅萊納的山脈漂泊到西部和南部，從阿巴拉契亞山脈的高地一直延伸到舊時的西南部，這大片廣袤遼闊的地區逐漸被這些人帶來的非主流英語文化所佔領，在 19 世紀，他們跨過密西西比河，遷徙到阿肯色州、密蘇里州、俄克拉荷馬州和德克薩斯州等地，到 20 世紀，他們的影響力一直延伸到新墨西哥州、亞利桑那州和加州南部。

這批新移民來到新大陸，保持着大量他們原先的生活形態，舉止豪放、性格剛烈，爭強好勝、富有戰鬥性，甚至不乏粗俗和野蠻，他們在北美西南部紛紛建立眾多的定居點，據此形成了自己的生活文化、婚姻制度和社會治理方式，當然也包括宗教社區，遵守長老教會以及其他一些小的宗教團體的教義教規，總的來說，這些移民定居點，與馬薩諸塞、弗吉尼亞和賓夕法尼亞等地區的完善治理方式有別，還殘留着很多部落家

族式的管理特徵。這些邊區的移民並不都是貧困的下層人民，也有一些貴族和上層人士，他們遷徙到北美，是為了尋求更大的發展，例如安格魯·傑克遜（Andrew Jackson）家族，就是經過奮鬥成為第一個來自邊區的美國總統，還有諸如來自愛爾蘭的波爾克家族，從蘇格蘭輾轉愛爾蘭到卡羅萊納定居的卡爾霍恩（Calhoun）家族，這些所謂美國邊區的貴族，他們構成了第四波北不列顛移民的精英，在美國早期歷史的發展中扮演着重要的作用。

阿巴拉契亞山區的居民一般天性豪放，崇尚武力和勇氣，不注重繁文縟節，不喜好秩序規則，講究同態復仇，追求財富，喜歡冒險，但也認同沒有秩序的等級體系。關於社會治理的方式，他們偏好於人治而非法治，服從部落家族式的統治，在自由觀念方面，他們也崇尚自由，但他們的自由，既不是公共自由，也不是法律下的自由，更不是良知自由，而是天性自由，或自然放任的自由，這種自由不依賴法律秩序，而是憑藉個人能力，通過個人的奮鬥而實現自己的自由。這種天然自由的觀念在西南部邊區是深入人心的，它們是美國的自然環境與歐洲民間文化交互作用的產物，它們的蓬勃興起，固然有着忽視乃至抗拒政府法律和社會公道的弊端，但也催生了美國文化的另外一種狀況，那就是反對政府的暴力管制，以及傾向無政府的自由放任生活嚮往。應該說，北美邊區的天然自由觀念，與美國獨立戰爭時代的天賦人權也有着某種密切的聯繫，它們為美國革命提供了另外一種動力要素（當然不是全部）。

同心圓式的美國文化結構

前文大致介紹了菲舍爾在《阿爾比恩的種子》一書中所論述的有關英國移民的四波浪潮及其基本特徵，從 1629 年至 1750

年，這四波移民潮大致持續了一個多世紀的時間，他們從東部到西部、南部，直到西北和西南部，覆蓋了早期美國的整個地域，人數累計達數十萬人之多，形成了北美的盎格魯‧撒克遜人的主導民族，奠定了美利堅民族以及美利堅合眾國的根基。菲舍爾主要是從宗教文化學的角度分析研究美國文化的源與流，涉及四個基督新教的教會組織以及四種殖民地的生活方式與組織和治理形態，以及家庭關係、經濟生活、日常倫理，尤其是自由觀念等，重點在於美國建國之前的十三個州是如何起源與發展起來的，它們又是如何為後來美國的自由體制打下了牢固的基礎的，圍繞着這個中心主題，菲舍爾此書洋洋灑灑，涉及了歷史學、人類學和文化學等多個領域，非常具有原創性。下面我結合本書的主題，主要從文化政治學的視角談一下我的看法。

地理環境、宗教信仰與民情習俗

廣袤的北美大地，瀕臨大西洋和太平洋的山河沃野，在英國移民到來之前，還處於原始部落社會形態，印第安人生存於此，形成了自己的部落文化。四波英國移民徹底改變了這塊大陸的風貌和生態，它們成為歐洲人心目中的新大陸，遷徙而來的各種英國人夢想着在新大陸實現他們的夢想，建設一個新世界。綜合考察早期美國的歷史演變，英國移民在北美陸續建立起自己的定居點，組成英屬殖民地，形成性質各異的十三個州殖民自治政府，究其原因雖然是多方面的，但宗教文化卻是根本性的原因，換言之，來自英國的基督新教信仰以及不列顛民族的文化特性，成為北美新世界的主要根源，此後的美利堅民族和美利堅合眾國以及多元一體的美國政治文化，都是在這

個基礎上發展演變出來的，它們是枝葉繁茂的成果。具體一點
說，這個美國文化的源流又分為三個大的層面。

第一，北美的自然地理環境。菲舍爾不是從規範主義的
角度來看待美國文化，而是採取人類學的視角予以歷史性的分
析，在他看來，美國文化的源起首先得益於它得天獨厚的自然
地理環境。來自英國乃至北不列顛各個宗教教派以及民族的數
十萬計的人群，他們能夠在北美定居下來，並找到適合自己繁
衍發展的地區，建立自己的社會組織，從事自己的宗教和經濟
生活，在世界上唯有北美這塊廣袤的未開發之地才有可能。因
為四波移民遷徙到北美，他們不是白紙一張，而是帶着他們的
生活方式和宗教信仰等方方面面，包括生理特徵、氣候習性、
服飾飲食、建築風格、娛樂愛好、家庭結構、性與婚姻方式、
子女教育、勞動和工作、財產方式，乃至秩序、權力和自由觀
念等諸多內容，使得不同的移民群體之間有着很大的差別，北
美的自然地理環境恰好提供了他們各自生存和發展的空間居
所，由此也造就了北美多元文化的格局。例如，來自英格蘭東
部的清教徒在馬薩諸塞等地找到了適合他們的定居地，建設了
一個北美的新英格蘭，來自英格蘭南部的保王黨則在弗吉尼亞
建立起自己的一塊獨立的殖民地王國，而來自英格蘭中北部的
貴格會則在特拉華山區從事着他們的良知自由的宗教實踐，至
於北美西南、西北部的大片遼闊邊區，則成為北方不列顛各種
追求財富和拓展生存空間的大好場所，總之，資源豐富、土地
肥沃、大江流水和高山峻嶺，為外來移民提供了歐洲社會難以
企及的自然環境。當然，在如此環境下，如何處理四波移民之
間的關係，如何處理移民群體與印第安人的關係，這也是一個
重大的文化與社會問題，考驗着第二代、第三代移民的生存智
慧，這些問題說起來解決得並不圓滿，而是充滿着不好的教
訓，成為美國歷史上洗刷不掉的污點，至今仍對美國政治有着

深遠的影響，比如對印第安人的戰爭和殺戮，以及南部的蓄奴制以及因之而起的南北戰爭等，這些都具有文化層面的原因。

第二，基督教信仰的凝聚力。北美的自然環境只是外部條件，真正使北美形成一種統一文明世界的根本原因，還是其基督新教的信仰及其社會實踐。文化是一個語義繁雜的概念，大凡生活的方方面面，都可冠之以文化，菲舍爾在書中確實也是分析了四波移民生活中的諸多文化成分，從語言、建築、飲食、服飾、起名、運動、休閒到婚姻、性生活、家庭、子女教育，再到社會組織、信仰社團、城鎮治理以及秩序、權力和自由觀念等，菲舍爾均給予了詳實的統計學分析。但是，如果僅僅這些內容，還不過是一部文化民俗學的著作，菲舍爾的獨創性之處在於，他通過一種宗教學分析方法，把這些散亂的東西凝聚在移民的基督教信仰之中，是信仰把上述這些文化內容貫徹起來，成為新大陸富有生機的文明力量之所在。英格蘭的各種移民之所以千辛萬苦遷徙到北美，之所以能夠在北美建立起自己的家園，關鍵的因素在於信仰，他們由於宗教信仰而在母國受到迫害，遷徙到新大陸，也是為了自由不受迫害地從事他們的宗教信仰生活，信仰是移民的精神之源，也是新大陸的文化之源。

與舊英格蘭迥然不同的是，新大陸雖然有四種不同信仰的教派，但它們之間並沒有形成相互迫害敵對關係，而是能夠和平相處，各自獨立發展，並且事實上北美社會也見證了多個宗教組織團體各自發展的生命力和對社會文化的促進與進化作用，18 世紀之後，北美社會的教會組織發展迅猛，人們的道德水準和社會秩序都得到良好提高，經濟和法治也是煥然一新，進一步喚醒了本土意識的高漲，一個美利堅民族在宗教信仰的凝聚之下被逐漸催生出來，從而為獨立戰爭、美國革命和費城

制憲建國奠定了基礎。為什麼北美的宗教信仰會產生如此重大的成就呢？這裏的核心在於它的信仰是一種自由的信仰，北美的宗教，四個主要的基督新教，或許它們在英格蘭母國還只是信仰和教義等，但在北美卻彰顯出一個共同的特性，那就是自由，宗教自由和信仰自由是它們得以存在和發展的基礎，沒有自由，就沒有信仰。所以，信仰與自由的結合是北美宗教文化的一個根本性的特徵，也是它們有別於羅馬天主教和歐洲各種基督新教的本質所在。美國的體制之所以是一種自由的體系，美國的基督教之所以成為美國自由的決定性的要素，關鍵都在這個信仰自由上。

第三，北美社會的民情習俗。托克維爾在《美國的民主》（*Democracy in American*）一書中非常強調美國的民情對於美國社會的重要作用，不過，美國的地方自治與風俗民情並不是在建國之後才具有的，其實它們早在英國的大規模移民時期就逐漸形成，甚至更早可以追溯到它們的前身即英格蘭悠久的民情習俗。菲舍爾的這部書可以是托克維爾觀點的一個補充版，他非常細緻地分析考察了英國四波移民浪潮中的各種人群他們的生活方式和民情習俗，並且指出了它們兩個基本的特徵。其一，北美新大陸的風俗民情是伴隨着各種移民群體從英格蘭移植過來的，英美一體的一個主要內容，指的便是這個社會民情習俗的一體性，北美和美國的基層社會以及風俗民情都是從英國移植來的，這是美國文化的社會之源。當然，這裏又與兩個因素密切相關，一個是來自英國的民情習俗與宗教信仰有關，或者合為一體，移民來的大多是新教徒，他們的民情習俗與教派教義有着密切的聯繫，這也是不同於英格蘭傳統民情習俗的地方，北美殖民地的宗教氛圍更為強烈，宗教影響民情習俗的色彩更重。另外一個因素是多元互動的民情習俗，也就是說，雖然同為基督新教，但畢竟有四個不同的教派，他們對於民情

習俗的影響是不同的，這些具體體現在衣食住行、婚喪嫁娶、民間交往和社會治理等各個方面，從而表現出北美社會民情習俗的多樣性。其二，英國傳統在北美也不是不變，而是與北美的社會環境、經濟發展和國家建設緊密相關的，是北美或美國的民情習俗，它們繼承了英國的傳統，但又在北美本土化了，演變成為地地道道的美國的民情習俗，所以，才為後來的觀察家們像托克維爾所看重，並認為是美國社會的特色。例如，清教徒的虔誠與美國人信仰上的執着和純樸關聯密切，貴格會的嚴謹與和平促進了美國人地方自治的責任心與互助精神，至於北不列顛人的豪放粗野則為美國人的生活個性注入了天然的生命力等。這些雖然都來自英國的大傳統，但經過時間的打磨和社會的演進，它們已經完全北美或美國化了，成為美國社會生活不可或缺的一部分。

自由觀念、經濟生活與社會治理

前文我多次談到自由問題，確實如此，自由觀念和自由體制是菲舍爾此書重點闡釋的中心內容。他的特出貢獻在於，他對於美國的自由體制或他稱為的「自願社會」等豐富內容給予了富有歷史感的深入揭示，在他看來，美國人的自由觀念不是單一的，而是複合性的，至少在起源上有四種與基督新教密切相關的四層內容，是這四種富有張力的自由奇妙地疊加一起所形成的。

第一種他稱為群體的自由或公共自由，這種自由是在弗吉尼亞有清教徒發展出來的自由，公共自由重視社會群體之間的互助與合作，遵守法律和秩序，屬一種有序的自由，這種自由與清教徒的生活準則密不可分，大家齊心協力去實現一種理想主義的生活。第二張他稱為支配性的自由，或等級下的自

由，這種自由觀念來自聖公會保王黨的精英主義思想，這種重視社會秩序和權威，但也崇尚法治與德性，它保障個人的基本權利，鼓勵和支持人們憑藉自己的努力去獲得社會地位的提升和榮譽的滿足。第三種自由則是貴格會所倡導的良知自由，這種自由在賓夕法尼亞等殖民地廣為盛行，它強調信仰、秩序和相互合作，鼓勵人們追求幸福的生活，投入社會公益事業，並尊重個人權利、財產權和法治政府，抵抗政府暴力的迫害，因此，這種自由為每個人的良知與信仰奠定了基礎，並為未來的自由政體制度鋪平了道路，因此，它是一種人們之間相互合作、共同促進的自由。第四種自由是來自北不列顛移民的天然自由，這種自由具有原始的生命創造力，與北方民族的宗教信仰和生活習性密切相關，這種自由雖然不太合乎既有的秩序，但追求無拘無束生活的本性也是一種抵抗多數人暴政的質樸力量，也受到人們的歡迎。

上述四種自由等觀念並非完全一致，甚至相互還是富有張力的，但是，它們卻在北美社會的生成和發展過程中，奇妙地融匯在一起，構成了一種被稱為獨具個性的美國自由。總的來說，這種美國的自由，並不是後來人所謂的完全的個人主義式私人自由，也不是完全的新教主義式心靈自由，而是一種多元一體的複合自由。首先，這個美國的自由是多元的，其中有社會群體性、相互合作性，有秩序和權威，甚至還有支配性，但是這些自由的內容都被凝聚到良知自由或公共性的以保障個人信仰、生命和財產的自由制度之中，所以，法治與秩序是美國自由的骨架，良知與信仰是美國自由的魂魄，它們共同存在於美國社會這個共同體之中，形成一種自由的家園、自由的體系或自由的社會。這就是美國自由的多元一體，所以，菲舍爾認為，美國的自由就其起源來說，既不是個人主義，也不是集體

主義，而是保障個人良知自由或信仰自由的公共合作體制，他稱為自願社會，我則稱為自由政體。

由於菲舍爾主要考察的是宗教文化，所以他不太關注經濟生活，這是本書的一個特點，不過，如果探討美國文化的源流，其實經濟生活也是不可遺漏的方面，仔細檢點菲舍爾的著述，他在四種教派的具體文化分析中，也還是涉及到它們的經濟生活內容，大致說來，有如下三個層面。

第一個層面，對於四波移民群體，菲舍爾不僅關注他們宗教信仰的教派教義，也談了他們的經濟社會基礎。四個教派信徒的社會階層、職業性質、經濟收入，以及對於財富金錢的看法是有很大差別的；這些經濟特徵不僅被帶到北美各個殖民定居地，而且還依然有所延續和演進，這就構成了北美社會起源和發展中的四種經濟生活形態，對於美國經濟社會的影響也是巨大的。

第二個層面，菲舍爾特別考察了四個移民群落對於財富和金錢的觀念，這一點對馬克斯·韋伯（Max Weber）等社會學家有關歐洲早期資本主義的起源論很有啟發意義。由於四波英國移民都屬基督新教，深受加爾文主義的影響，所以他們關於財富、金錢和勞動的觀念，具有很多的共同點，大致都不是精緻利己的物質主義，都崇尚商業倫理，注重勤儉致富。弗吉尼亞的清教徒和西南邊區的遷徙者雖然在財富、金錢和勞作的觀念上有很大差異，但都受到宗教教規的約束，禁欲和放縱都是有限度的。

第三個層面，北美的殖民地要存續和發展，他們不是封閉的修道院，而是一個社會，所以經濟生活也是非常必要的，這些移民要因地制宜，在恪守教規的情況下，大力發展各自的經

濟活動。菲舍爾指出，北美的新教社區與早期的土地經營、商品貿易、勞動市場等早期資本主義的興起和發展是不矛盾的，而且由於沒有傳統封建制的約束，宗教寬容、政府弱小、地方自治，反而比歐洲社會更加有益於資本主義的發展。例如，貴格會由於注重契約和信譽，鼓勵創新合作，所以致使貴格派信徒最早地介入商業銀行、信貸金融、商業保險、資本市場等領域。貴格派在費城建立了北美的第一家銀行，特拉華從一開始就成了工業中心。總之，在 18、19 世紀，北美的各個殖民地在工商業方面都有很大的發展；新英格蘭、賓夕法尼亞和新澤西等地方都成為舉足輕重的工商業中心。美國的市場資本主義具有得天獨厚的優勢，相比歐洲英法國家，它的後來居上不是偶然的。

除了教派信仰以及自由觀念，菲舍爾在書中用較大的篇幅探討殖民地的社會治理問題，這個問題與美國的自由體制密切相關。應該說，信奉不同新教社團的四波大批量人口，他們遷徙到北美，組織起來建立各自的自治領地，如何進行有效的治理，便成為殖民地的首要問題。雖然它們名義上受到英國國王或政府的領導，根據王國的特許令擔任總督之類的管理者，但這些都是形式上的，天高皇帝遠，這些殖民地實際上都是一些自治機構，如何進行社會治理更多是根據移民群體的意願形成的。由於四波移民的移民緣由、時間節點、移民群體的教派性質、社會結構，以及定居點的組成方式等方面有很大的差別，所以，北美移民的四個主要殖民地的治理形態也不是完全一致的，而是既有相同的方面，也有諸多的差異，對此，菲舍爾在書中給予了較為細緻的分析。

作為移民群體，且都有遭受傳統封建專制迫害的經歷，這批新教徒在新大陸都不接受專制性權力的強硬統治，而是接受

相互同意的契約性的統治，《五月花號公約》就是一個典型的標誌。即便是保王黨人統治的弗吉尼亞也不是專制統治，雖然確實有精英寡頭的特徵。所以，英國革命創立的憲政原則早在北美移民那裏就獲得普遍的接受。當然，具體的治理需要一定的制度，如何組建殖民地的治理體系，各個移民地區既有相同之處，也有不同的差別。就相同的方面來說，各個殖民地都建立了政府性的管理機構，無論是打着英國皇家的旗號，還是宣布獨立自治，但行政、治安乃至司法等權力，都屬政府及其下屬機構行使，例如，馬薩諸塞、弗吉尼亞、賓夕法尼亞等，都有政府性質的行政管理機構。此外，各個小的鄉鎮也有哪怕是相當簡單的管理機構，像鄉鎮公所，由治安法官和警察負責公共事業。除了政府行政管理，各個殖民地都有自己的議會組織，議會在殖民地發揮着重要的作用，議會成員由各地的居民選舉產生，他們參政議政，甚至管理司法和治安，審核和頒布政府的法令和政策，監督政府人員的任免，這種代議制的組織體制不僅在殖民地自治領存在，在一些城市也都有自己的議會組織。此外，殖民地人民普遍守法，法院或法官具有很大的獨立性，不受其他因素的干擾，竭盡所能地保護人們的各種權利，地方行政和議會亦大力維護普通法的法治原則，來自英國的法治傳統在新大陸得到了很好的繼承。

當然，在北美各殖民地，社會治理在上述共同點之下，也有一些差異，尤其是在社會結構大為不同的地區，治理模式也就有所不同。例如，在新英格蘭的馬薩諸塞，與清教徒倡導的有序自由相關聯，逐漸形成了以城鎮集會、行政委員和基本法律相互結合為主體的治理模式，曾經被歷史學家視為美式治理的新創。弗吉尼亞與之不同，由於他們是忠誠於國王的保王黨人帶着他們的契約奴僕遷徙而來的，該地區的社會結構呈現出很明顯的等級制和貧富分化的特徵，社會治理具有精英家族寡

頭式治理的性質，儘管如此，它還是有議會和法院，也有支配性的臣民自由，教區通過教區委員會，地方政府（郡）則通過法庭來加以治理。貴格派主導的特拉華和賓夕法尼亞，其治理方式又有不同，他們推崇社會的和諧秩序，尊重公序良俗，尤其是強調法律的統治，理想是在殖民地實現良知的自由，在社會治理模式上，他們採取的是委員會政府的模式，盡可能限制政府首長的權力，把權力移交給社會中的其他群體，鼓勵民眾廣泛地參與公共事務，所以，貴格派把強烈的公共參與意識和一系列高度發展的政治原則帶到了北美殖民地，對於美國政治制度的組建發揮了積極性的貢獻。邊區的治理方式由於移民的族群特性以及邊區的自然地理環境，與上述三種方式又有所不同，相對說來，邊區治理具有一定的粗獷和放任的特徵，其中人治政府的色彩較重，法治的因素薄弱，廣袤邊區的社會治安和基本秩序等，大多還是依靠強有力的大家族管控以及行之有效的民情習俗來予以維繫，在這種放任的治理模式中也開闢出人們追求天然自由的空間。

綜上所述，我們可以得出這樣一個基本的結論，即從 1629 年開始長達一個多世紀的四波英國移民群體，他們來到北美這塊新大陸，頑強地生存下來，逐漸地建立起自己的家園，形成了獨具特性的社會形態、教會體系、經濟生活和治理模式，並以此構建了自己的文化認同，形成了有關秩序、權力和自由的觀念，這一切都對後來的美國產生了重大的影響，甚至成為美國制憲建國與多元發展的基石。

同心圓式的美國文化結構

菲舍爾《阿爾比恩的種子》的核心主題是美國文化的源與流，探討美國自由體制的決定性因素，現在再回到以信仰和自

由為根基的美國文化問題上來，我認為菲舍爾實際上提出了一個美國文化的同心圓結構問題，雖然他沒有使用這個詞彙，而是我據此提取出來的，但這個同心圓的結構性質恰好與菲舍爾揭示的以宗教信仰和自由實踐為實質的美國文化若合符節，這一美國文化特性是歐洲其他國家的文明所沒有的，即便在其母國英國的文化中也並不突顯。

　　什麼是美國文化的同心圓結構呢？我認為這裏包含着保守與開放的雙重性質，正是這種看似矛盾的張力性結構，恰好體現出美國文化的獨創性及其內涵的生命力。沒有其保守性的精神，那就難免流於膚淺，缺乏真正的凝聚性的力量，不足於形成有序的自主性；沒有其開放性的拓展，那就勢必拘於守舊封閉，喪失與時俱進的變革精神，逐漸趨於衰敗和沒落。但美國文化的同心圓結構卻避免了上述兩種狀況，它把兩者歷史性地融匯結合在一起，形成了保守與開放並舉的生命力激盪的結構形態，如果説早期移民文化主要是凝聚於保守的文化建構方面，那麼美國革命以降的建國歷程及其政治與經濟社會的飛速發展，尤其是 20 世紀以來積極參與世界秩序的構建，則充分顯示出美國文化的開放性特徵。總之，美國文化的這個同心圓結構，致使美國既是埃德蒙·伯克（Edmund Burke）所言的那種保守性社會，又是哈耶克（Friedrich Hayek，也譯海耶克）所謂的開放性社會，保守與開放集於一身，這才是真正的美國。

　　下面先談美國文化的保守性，這個保守的美國文化當然與四波英國移民的宗教信仰有着密切的關係。雖然這些移民的宗教教派有所不同，大致有清教徒、聖公會、貴格會和長老會等若干類型，相互之間也有分歧，但它們都屬基督新教，都對神和上帝有着堅定的信仰，都企圖在塵世實現自己的宗教理想，建立一個山巔之國，所以，這種基於基督教信仰為中心的北美文化構成了美國文化結構的同心圓，他們是同屬基督教信仰

的，是盎格魯・撒克遜民族的精神寄托。這個宗教信仰的同心圓決定了它的保守的性質，教會信仰是第一層的，其次，由於都是來自不列顛的移民，英國普通法的法治傳統、地方社區規則和民情風俗等構成了同心圓的第二層，兩個層次互為表裏，使得北美殖民地的政治文化具有着堅固的凝聚性內核。

但需要特別指出的是，這個美國文化的保守性又是十分開放的，美國作為一個世界上最為開放的社會，這已為美國的三百年歷史進程所證實，為什麼呢？我認為其根本性的原因在於菲舍爾一再強調的自由觀念與自由體制。英國移民的基督教信仰是一種自由的信仰，自由信仰合為一體，這是四個基督新教的共同點，它們為什麼遷徙到北美，主要的原因就是宗教信仰的不自由，受到各種各樣的迫害，所以才到新大陸尋求自由的信仰。自由一旦與信仰結合在一起，就注定了它們的開放性，北美的各個教派與歐洲大陸乃至英格蘭的各種宗教，從天主教到英國國教乃至路德宗和加爾文宗相比，其最根本性的差異在於自由的屬性上。不僅在宗教信仰上的自由，而且這種自由精神貫徹到北美殖民地生活的方方面面，從教會管理、社會秩序、法治保障到經濟方式、公共事務、政治結社，乃至文化娛樂、服飾體育等幾乎一切方面，自由開放的體制隨處可見，成為美國人性格和生活的有機部分。所以，自由觀念和自由體制決定了美國社會的開放性，使得美國由於生生不息的開放性而保有持續的生命力。

由此可見，美國的文化結構是一個同心圓式的結構，保守與開放構成了這個結構的雙層功能，自由的宗教信仰是這個結構最堅硬的精神內核，海納百川是這個結構的制度功能，它有力量吸納各種同質的或異質的外來文化，化敵為友，共築人類的普世價值。所以，說美國是一個移民國家，美國是一個保守

國家，美國是一個開放國家，甚至美國是一個宗教國家，是一個山巔之國，如此這般定義，從不同的視角來看，都有各自的道理，但無論怎麼說，在二百餘年的美國歷史進程中，這個國家的文化與政治、經濟與社會與世界其他民族和國家越來越不可分割地糾纏在一起，日益繁榮和強大，這個關於美國的歷史敘事不再僅僅是美國的，而且也是世界的，美國離不開世界，世界更離不開美國，這或許是美國故事的天命。

基督教立國與憲法立國

到此為止，菲舍爾此書的主要內容大致講完，他關心的主要是北美殖民地時期的宗教信仰以及由此形成的早期美國文化的來源和它們與美國自由的關係問題。不過，在《阿爾比恩的種子》下卷的後半部分，菲舍爾從移民文化的角度討論了四波移民的宗教文化對於美國的獨立戰爭以及共和國構建的重要影響，並指出移民群體的地域文化對於美國國家的制度建設和社會經濟發展都具有持續的作用，如果再結合菲舍爾計劃寫作的系列作品，有關美國 19 世紀進步主義時代的文化與政治問題，那麼我下面的講述內容就與此不無關係。我準備沿着菲舍爾有關移民文化與宗教信仰的議題，進一步從政治文化學和憲法史學的角度集中探討美國制憲建國問題，尤其是在美國這個非常時期中的宗教信仰與憲法創制的關係問題，從而說明英國的移民群體是如何轉化為美國人民的自由主體性。

盎格魯·撒克遜移民與美利堅民族

在從 1629 年至 1775 年一個多世紀的時間裏，總共累計約有數十萬英國移民漂洋過海遷徙到北美居住下來，這些人從歸

屬上還是英國移民，還不能説是美國人，因為當時還沒有美國之説，當地生活的主要還是土著的印第安人，尚處於部落時代。四波移民説起來可以統稱為英國人，因為這些移民遵奉英國的國王統治，接受英國王的特許令，領導者遵旨授為總督，管理英國在北美的殖民地，所以，稱他們為英國人也是具有法律依據的。但是，並不是所有的英國移民都接受英國王或議會的統治，有些具有政治上的獨立性，教會自我統治，還有來自北不列顛的移民，像愛爾蘭人、蘇格蘭人他們也不接受英格蘭王室的統治，所以，這四波連續遷徙來的移民，又寬泛的稱之為不列顛人，他們是來自不列顛的移民。如果再寬泛一點來説，歷史學家則大多把這批來自英國的移民稱之為盎格魯‧撒克遜人，盎格魯‧撒克遜是他們共同的紐帶。

從歷史上看，盎格魯‧撒克遜人通常是指公元 5 世紀初到1066 年諾曼征服之間生活在大不列顛東部和南部地區的文化習俗上相近的一些民族，它們屬日耳曼民族的一支。盎格魯‧撒克遜人使用日耳曼方言，被歷史學家認為是三個強大的西歐民族——源自日德蘭半島的盎格魯人和朱特人以及來自下薩克森地區的撒克遜人後裔，他們於 5 世紀從現今德國北部和斯堪地那維亞南部遷徙至不列顛島。盎格魯‧撒克遜時期最著名的作品當屬史詩《貝奧武夫》（*Beowulf*），其在不列顛有着民族史詩的地位。盎格魯‧撒克遜人的基督教化大約是從公元 600 年開始的，實質上在 8 世紀中葉才基本完成，此後於 16、17 世紀與歐洲大陸一樣，不列顛的天主教會又經歷了新教改革，盎格魯‧撒克遜人的基督教化過程也是一波三折。所以，四波遷徙到北美的移民，他們從民族上來説，都屬盎格魯‧撒克遜人，從宗教信仰來説，則屬不列顛的基督新教，北美乃至美國的主體意識並不突顯，美國還是此後很久才出現的政治事物，北美不過是移民的居住地，即英國的殖民地而已。

問題在於這個外來移民的定位並非穩固不變的，既然移民群體已經把定居地視為自己的家園，在此生存和繁衍下去，並立誓建立一個山巔之城，那麼就不能持久地以客人身份在此生活下去，移民群體要成為自己家園的主人，勢必剪除與原先的母國的臍帶，重建自己的本土身份，這樣以來，一個北美大地上的美利堅民族意識就孕育出來。從盎格魯‧撒克遜人或不列顛英國人轉化為美利堅人，在北美打造一個美利堅民族共同體，這是一次重大的轉變，不是一下子就完成，這需要一個較為漫長的歷史過程，需要情感認同、外部經濟環境、歷史機遇、尤其是政治制度上的一系列重要條件的促進才可以完成。從 1629 年至 1775 年一個多世紀移民浪潮開始孕育，經過十三個殖民地的自治化發酵，尤其是經歷 1775 年到 1783 年的獨立戰爭和 1789 年的美利堅合眾國的建立，再經歷一系列內部和外部的重大事變，直到 18 世紀中葉，一個擁有共同地域、共同政治體制、共同經濟生活、共同宗教信仰和共同文化認同的美利堅民族，才真正塑造和成長出來。

以當今民族學的視角觀之，美利堅民族或美國人是多個民族、多種文化融匯為一體的結果，所謂合眾國的語義就是綜合多元為一體，今天的美利堅民族不僅包含着英國族裔、歐洲族裔等白人族群，還包含着其他各種有色族裔，諸如黑人族裔、拉丁裔、亞裔、印第安原住民、混色人種等，純粹的盎格魯‧撒克遜人只佔百分之二十，歐裔白人也不過佔據百分之六十左右。美國確實是一個開放的大熔爐，今日的美利堅民族是由眾多外來民族的移民融匯構建出來的，就人口來說，盎格魯‧撒克遜並不佔據優勢地位，但是，從美利堅民族的民族起源、文化生活、宗教信仰、法律傳統、風俗習慣、道德禮儀，乃至社會秩序、地方自治和憲法制度、國家特性等方面來看，盎格

魯・撒克遜移民不但佔據着主導性的地位，而且一直是美國社會和美利堅民族的根基。

當然，站在白人中心主義的立場上，20世紀以來在美國思想界一直存在着某種憂慮和危機意識，亨廷頓在《我們是誰？美國國家特性面臨的挑戰》（*Who Are We? The Challenges to America's National Identity*）一書中非常尖銳地提出了這個問題，對美利堅民族的國家認同所面臨的嚴峻挑戰，以及未來的文明衝突，給予了某種不無反省的警世之言。與亨廷頓的向後看不同，菲舍爾採取的則是朝前看，他在《阿爾比恩的種子》一書中所做的乃是追溯早期美國的英國移民浪潮，考察美利堅民族是如何形成的，美利堅合眾國是如何構建的，什麼因素對於自由的美國體制產生了決定性的影響，菲舍爾的這些考察研究及其結論對於回應亨廷頓的問題，其實是意義重大的，美國文化、美國社會乃至美國政治的源與流，它們相互之間的輕重緩急、前身後世俱在其中矣，大可不必驚慌失措。

基督教立國

美國雖然是一個移民國家，但美國的英國移民不同於當今各國的移民群體，他們乃是基於基督教信仰的移民，四波最早的數以萬計的來自英國的移民，主要是由於宗教信仰原因而遷徙到北美新大陸的，這種基督教信仰為後來的歐洲族裔的移民所繼往開來，致使在美利堅合眾國成立之前的二百多年的北美殖民地那裏，就有一個基督教信仰的共同的精神基礎。所以，美利堅民族的前身是一個有賴於基督教信仰的移民族群，這也是菲舍爾此書用大部分篇幅重點分析研究的主要內容。

但是，僅有宗教信仰還是遠不夠的，不同教派的基督新教信徒可以相互共存在北美這塊廣袤的大地之上，可他們依然

是英國或不列顛的移民群體，還不是獨立自主的文明主體，還是英屬殖民地，還談不上是自覺的美利堅民族。近二百年的早期移民史就這樣緩慢流逝了，他們還是英國人，或不列顛人，或盎格魯·撒克遜人，還不是美利堅人，或美國人，要成為美利堅民族或美國人，必須有一個立國的過程，必須有一個美利堅合眾國的構建過程，有了美國才有美國人，有了美利堅共和國，才有美利堅民族。對於這個問題，菲舍爾在下卷的後半部分有所涉及，他討論了美國的獨立戰爭及其文化緣由，認識到美國的獨立建國對於美利堅民族的重要意義。不過，他關注的還是政治文化，並沒有從政治與憲法的視角深入這個信仰、民族與國家的複雜問題。

在此我準備接着菲舍爾的思想理路進一步展開這個問題，在我看來，現代美國的構建，或者說美利堅民族的真正形成，實際上存在着兩種立國的方式，或者說是兩個層次的立國步驟，即基督教立國和美國憲法立國，唯有通過兩種立國方式的交匯熔鑄，美利堅合眾國才真正創建出來，美利堅民族才真正打造完成。這種信仰與憲法雙重立國的建國模式，是美國的獨創，也是美國的特性，在世界上的其他民族國家那裏是少有的，甚至是唯一的。相比之下，英國有點類似，但英國不是移民國家，它是不成文憲法國家，英國國教與其他基督教派的紛爭錯綜複雜、歷史悠久，光榮革命很難說是信仰與憲法的雙重建國革命。

下面先談美國的基督教立國。說到美國是一個基督教傳統非常深厚的國家，這沒有什麼問題，美國社會的方方面面無不滲透着基督教信仰的濃厚氣息，這更是毋庸置疑。但若說美國的基督教立國，就勢必引起很大的爭議，如何理解所謂的基督教立國，它與美國的聯邦憲法立國又是何種關係呢？當然，美國不是歐洲曾經出現的政教合一的天主教國家，基督教立國並

非通過基督教建立一個政教合一的神權國家，美國從一開始就不是這樣的宗教國家，現在也不是這樣的國家。但是，從美國的歷史文化和國家精神來看，確實又不可否認，美國是一個以基督新教的信仰為凝聚力的世俗國家，二百餘年的移民史，尤其是美國建國史，基督教信仰不可爭議地發揮着創建一個國家的動力機制的作用，用基督教立國來定義美國的國家建構動力和美利堅民族的形成，也是理由充分的。它至少表現在如下三個層面。

第一，從四波英國移民遷徙到北美的動因來看，試圖在新大陸建立一個宗教信仰的共同體，實踐他們在舊世界實現不了的基督信仰的夢想，這一直是指導和維繫北美殖民地得以成功運行的主要原因，對此，菲舍爾此書有過大量的觀察與討論，《五月花號公約》、馬薩諸塞清教徒的「聖經共和國」、賓夕法尼亞貴格會伯克利的「為真正的基督徒而致歉」等，都是一些著名的例證。

第二，美國的建國始於獨立戰爭，而十三個殖民地所形成的自治州在美國的建國實踐中舉足輕重。北美十三州作為政治組織體制，它們的建立依托於各個基督新教的教派體系，與宗教信仰及其實踐密切相關，諸多自治州都先後制定了州憲章和基本法，例如馬薩諸塞自由憲章、康迪涅格基本法、賓夕法尼亞憲章、卡羅萊納基本法等，這些地方自治的憲法性文件，無不與各州人民歸屬的教會教規有着相互輔助的關係，一方面保障着人們的信仰自由和基本權利，另一方面又規範了自治政府的公共治理權力。十三州在捍衛獨立自主的權利過程中發動了美國革命，從而構建了美利堅合眾國，支撐它們的除了經濟利益的動機之外，更強有力的還是信仰的力量，基督教信仰是各州賴以持續以及反抗宗主國的根本動因。

第三，這種涉及到美國革命以及美國憲法的精神原動力，所謂基督教立國最終便落腳在這個美國的建國活動上。當然，建國是一項現實的政治運動或政治實踐，但為什麼要建國，建立什麼國家，這些必須有所說明或要有所宣示，我們從《獨立宣言》、《美國憲法》等一系列美國立國實踐的文件中，以及美國總統的就職宣誓中，都可以明確地看到其強烈的基督教精神，這與北美基督新教自由信仰的實踐傾向是一脈相承的。《獨立宣言》一開篇就把神賦予的人人生而平等的生命權、自由權和追求幸福的權利，視為不言而喻的真理。人的權利由造物者賦予，而不是由統治者恩賜，人民有權利依據自然法則和神的旨意建立新的政府，這種基於基督教價值的天賦人權觀念也構成了美國憲法的高級法背景，它們決定性地影響着美國的建國進程。

　　綜上所述，在此我所謂美國的基督教立國，並不是指遷徙而來的基督新教在美國建立一個政教合一的宗教國家，而是指在美國的建國過程中，基督新教發揮着發動機的推進作用，它們在教區實踐、城鎮自治、十三州憲章、尤其是獨立戰爭等多個層面和重大事件中佔據着舉足輕重的地位，塑造和凝聚起美國制憲建國的精神，它們建立的是美國人民心目中的山巔之國。

憲法立國

　　如此一來，就有必要討論美國憲法與基督教信仰的關係，處理基督教立國與美國憲法立國的關係。從現實政治的制度維度來看，美國只有一種立國方式，那就是憲法立國或制憲建國，這一點毋庸置疑，它們也是政治學和憲法學乃至政治史和憲政史的主要研究內容。關於這個層面的研究文獻可謂汗牛充棟，我在此不必贅言。舉其要者大致有如下幾個方面，在此略做陳述。

第一，美國的憲法立國是一個制憲建國的歷史過程，固然《美國聯邦憲法》是美利堅合眾國的立國根基，但這個成文憲法也是歷史演進的結果，所以，獨立宣言、聯邦條例，乃至更早的十三州的州憲章，都是美國制憲建國的內在部分，都可以分享着憲法立國的光榮。正是在這個制憲建國的歷史過程中，基督教信仰的力量和凝聚力得以顯現出來，為美國人民所認可。美國憲法所確立的人民主權原則，也是一個歷史的過程，它們從北美移民的自由信仰的權利肇始，直到獨立戰爭時期的人民反抗暴政的革命權利，最後落實在聯邦憲法的「我們人民」的制憲權，其中的精神力量閃耀着神性的光輝，這是美國憲法的超驗性或信仰性價值所在，對此不可不察。

　　第二，美國的憲法立國所創建的美利堅合眾國是一個複合聯邦制的共和國，這裏既有聯邦政府的權利，更有縱橫兩個維度的分權制衡。立法、行政與司法，中央政府與各州政府，美國人民、州人民與公民個人等，這些複雜多元的政治關係，都被納入憲法制度的規範之中，都在制度構架上承載着美利堅合眾國與美利堅民族這個新的政治共同體，從一個外來的移民群體走向一個生機盎然的現代國家。上述這些內容都屬美國主流的政治學和憲法學研究的基本領域，產生了眾多的研究成果，且不斷推陳出新。

　　第三，結合美國制憲建國的歷史實踐，有一個非常突出的憲政問題，值得我們予以關注，它就是美國憲法第一修正案確立的政教分離的關係問題，這個政教分離的憲法原則與美國的兩種立國方式密切相關。前面我曾經談到美國的基督教立國，又談到憲法立國，那麼這兩種立國方式究竟是一種什麼關係呢？是直接對立的，還是直接等同的？如果不能處理好這個關

係，就難以創建現實的美國，也難以理解現實的美國，第一修正案恰恰在理論和實踐兩個方面解決了這個問題。

憲法第一修正案

什麼是美國憲法的第一修正案，由它確立的政教分離原則究竟意味着什麼呢？對此有必要予以深入地探討，因為涉及美國兩種立國方式的憲法關係。我們知道，由四波移民所建立的北美十三州開始就有着信仰自由的訴求，在獨立戰爭時期，傑弗遜（Thomas Jefferson）、麥迪遜（James Madison Jr）等美國的建國者經過與保守教會的鬥爭，1786 年在弗吉尼亞州議會通過了《弗吉尼亞州宗教自由法》，該法案明確反對政府確立國教，反對任何形式的官方教會，強調人民有宗教信仰自由的權利。這個法案是美國歷史上重要的法律文獻，為後來的美國憲法第一修正案奠定了基礎。美國憲法第一修正案中有關宗教信仰自由的規定是這樣寫的：「國會不得制定設立宗教或限制其自由實踐的法律。」這一規定實質上包含兩個分句，即「設立分句」和「自由實踐分句」，確立的是政教分離原則和宗教自由原則，它可以這樣來表述：既不能容忍政府設立宗教的行為，也不能容忍政府干預宗教的行為。

先看「設立分句」所體現的政教分離原則。關於這個分句的意思雖然存在着不同的理解，但從當時參與制定憲法修正案的政治家們的理解，特別是一些大法官在裁決各種有關政教關係的司法案例的裁決中，可以清楚地發現它確立的乃是一條政治與宗教分離的憲法原則，正像傑弗遜所指出的，此項條款的實質是實行政教分離，即在教會與國家之間建立「一道隔離的牆」。對此，美國最高法院在「沃爾茲訴紐約稅收委員會案」

（*Walz v. Tax Commission of the City of New York*）的裁決書中對設立分句的含義作了明確解釋：不論是州政府還是聯邦政府，都不得以公開或隱蔽的方式參與任何宗教組織或集團的事務；反之亦然。其次，與「設立分句」相對應的是「自由實踐分句」，它涉及另外一項重要的原則，即國會不得立法禁止宗教自由實踐。前一個分句涉及政府與宗教的關係，核心是政教分離，後一個分句講的是政府在處理宗教問題時的權力限制，核心是宗教自由。當然，政府對於宗教行為不得干預，在政治上與宗教分離，並不意味着宗教信徒可以隨心所欲地從事宗教活動，所謂的宗教自由是有限度的，即自由實踐分句包括兩個概念——信仰自由和行動自由，第一個自由是絕對的，但第二個自由則是有限度的，為了保護社會，宗教行為要受到約束。

由此可見，美國憲法第一修正案第一款在處理宗教與政治的關係問題上意義重大，是人類歷史上第一次以憲法形式解決了政治與宗教或社會治理與精神治理的關係問題，具有着如下三層憲法學含義。

第一層，它所確立的政教分離原則，是一種基於公共政治領域的有限分離，並不是絕對的無條件的分離。政治制度與宗教信仰或許從終極的意義上來說是無法徹底分離的，第一修正案所建立的政教分離只是在一種憲法所調整的國家治理的制度框架內的分離，它強調的是國家與教會的分離，由此避免了政教合一的教會國家的歷史災難。第二層，與政教分離原則相對，第一修正案還確立了宗教自由原則，確保了每個人的信仰自由、結社自由等基本的權利不受國家公權力的侵犯，這是美國作為一個自由的體制的關鍵所在，也是四波移民群體的訴求所在。除此之外，第一修正案還確立了公民的言論、出版、集會和請願等基本的權利，追溯起來，它們都與宗教自由密切相

關。第三層，第一憲法修正案的兩個原則並非截然對立的，而是相輔相成，構成了第一修正案的完整性。通過這個完整性，我們可以協調前述等基督教立國與憲法立國的張力關係，即第一個立國是精神層面的，第二個立國是制度層面的，有精神沒有制度是空的，有制度沒有精神是死的，信仰的精神一定要有憲法等肉身，美利堅合眾國才真正創制出來，美利堅民族才鍛造出來。這正是憲法第一修正案所揭示的政治文化蘊含。

總之，美國是一個自由的政治共同體，其宗教信仰和憲法創制血肉與共、水乳交融，建立了人類文明史上的一個典範，菲舍爾的《阿爾比恩的種子》從宗教文化學的角度，揭示了美國文化的源與流，認為基督教信仰及其北美殖民地的實踐，為自由的美國體制或美國社會提供了決定性的因素，一系列分析和觀點富有重要的啟發意義。如果站着菲舍爾的宗教文化學和文化人類學的方法進一步拓展的話，那麼，阿爾比恩的種子還可以更為有力地延伸到政治與憲法領域，這顆種子在美國的制憲建國和開放社會的層面上還綻放出新的成果，雖然三百年來歷經風霜雨雪，甚至出現危機時刻，但依然能夠挽狂瀾於既倒，挺立於世界之巔，這一壯麗的景觀值得我們縱覽與深思。

二、美國文明面臨的嚴峻挑戰
漫談薩繆爾・亨廷頓的文明衝突論

　　以薩繆爾・亨廷頓（Samuel Phillips Huntington）的文明衝突論為藍本思考當今世界的大格局，是一個非常好的切入點，有助於我們重新理解世界秩序的內在結構以及蘊含的機理。在此，我想從歷史演變的視角梳理一下世界格局的發生史及其相關的理論譜系，考察亨廷頓思想理論的來龍去脈，認識這個理論的得失，從而使我們嚴峻地思考人類未來的走向及其面臨的困境。下面我主要談兩個層面的大問題，第一，格勞秀斯（Hugo Grotius）以降的國際法與國際關係理論，第二，亨廷頓的思想理論及其演變與定位，評估當今世界秩序的狀況。

格勞秀斯以降的國際法與國際關係理論

格勞秀斯學派

　　談論當今的世界格局以及國際關係問題，首先要有一個歷史的眼光，換言之，當今國際社會的任何一個領域的問題，都不是本來如此的，而是其來有自，遠古的就不去說了，至少從制度層面要追溯到現代社會的起源，具體點說，要追溯到現代國家之間簽署 1648 年的威斯特伐利亞和約（Peace of

Westphalia）。與此相關，現代的國際法以及國際關係理論，也源自這個合約所奠定的國際秩序，格勞秀斯學派也是在這個合約的政治背景下逐漸孕育出來的，儘管其思想淵源可以追溯到早期現代的自然法和自然權利理論。

威斯特伐利亞和約制定了第一個歐洲的也是世界的國際關係的體系，但要理解這個早期的世界格局或世界體系，還需要明瞭它們預設的兩個前提，或者要理解兩個不言而喻的背景，否則就會有大的偏差，與實際上的真實情況不符。第一個預設是基督教文明國家問題。這個世界體系以及由此相關的國際法規則，主要處理或協調的是歐洲國家，包括各種各樣的國家形態，例如封建公國、教會國、城市共和國、君主國和聯邦帝國等，它們之間的政治、經貿乃至教會之間的關係，涉及戰爭與和平等諸多問題。在此要強調指出的是，這些歐洲國家之間的關係，其實有一個共同的預設，那就是它們都是基督教國家，不管這個基督教是天主教還是三個主要的新教（加爾文新教、路德宗和英國聖公會）甚至包括俄羅斯的東正教，這種基於基督教的歐洲國家，才是這個體系的適用範圍，才納入這個體系的國際法的管轄，至於非基督教的其他族群部落或政治體，例如阿拉伯，以及遠東部分，則不屬這個世界體系的範圍，因此也不受這個世界體系的國際法的管轄。

在當時的歐洲人眼裏，只有他們歐洲，尤其是信仰基督教的他們，才是文明的社會或國家，才有所謂的政治、國家以及國家間關係，才有法權、自然法和君主法等規範，其他的部落群體，諸如阿拉伯世界、東方各個部落群體，包括遠東的中國等，他們則視為野蠻或未開化的民族和地域，或者是半野蠻半文明的地域部落，總之，不屬文明國家，因此也就不被納入這個世界體系之中，也不受歐洲國際法的規範和約束。這個觀

點在今天看來，當然是一種偏見，屬歐洲中心主義或基督教中心主義，但在那個時代，由於自然條件的束縛和自我文化的偏見，卻是普遍流行的觀點。這種心態也非歐洲人獨有，中國自己的歷史觀或天下觀也大致同樣如此，我們早在春秋時代就有所謂的「夷狄之辨」，這種自以為是的宗藩朝貢體系文明華夏觀直到清末才有所改觀。至於阿拉伯世界的伊斯蘭主義更是如此，他們也有把異族和異教徒視為魔鬼的極端主義的敵友論。所以，對於早期現代的西方國家來說，產生文明優越論的國際觀並沒有什麼大驚小怪的，關鍵是如何演變為未來的普世文明論，這一關跨越起來是很難的，至少我們將要提及的亨廷頓就沒有跨越過去。

第二個預設是國家主權問題。這個威斯特伐利亞合約所建立的國際秩序的主體單位，大致是一個主權性的國家，或者說，這些國家的基本特徵是擁有一種主權的主體。關於國家主權這個概念，以前的古典城邦國家乃至羅馬共和國和帝國是沒有的，古典人不知道主權為何物，在當時有政制或國家政制，有統治權和治理權，有不同的政體，諸如君主制、共和制、民主制以及變態形式的僭主制、寡頭制和暴民制，但還沒有出現國家的主權這種政治屬性。說起來，主權這個概念是從 15、16 世紀才有的，屬現代國家的最早的國家定性，英國的霍布斯曾經談過，荷蘭的格勞秀斯也曾經論及，但最為經典的論述是法國的君主主義思想家博丹（Jean Bodin），17 世紀的法國理論家博丹對於主權的論述，集中定義了現代國家的主權性質，他賦予了主權對於法國的國家屬性之核心意義。

不過，博丹的國家主權論雖然最為系統，但並不定於一尊，也是法國版本的主權論，其內容具有法國政治的國家屬性，或者說，他是專門針對法國君主至上性而擬制的一套理

論，服務於法國統一性的君主國家大一統。為此，博丹認為這個高於統治權和治理權或者把統治權、治理權乃至司法權集於一身的主權，是打造法蘭西絕對主義君主國的理論工具，作為法國政治共同體的本質屬性，這個主權因此必須是絕對的、單一的、不可分割的，一個國家只能有一個絕對的主權，否則就不是完整的國家共同體。這樣的理論就為像路易十四（Louis XIV）這樣的君主奠定了絕對主義的君主制國家的理論基礎，以此，法蘭西國王就可以通過這個擬制的主權來統轄和管制大大小小的貴族以及教會獨立自主的封建特權。

問題在於，歐洲世界當時並非只有法國這樣強化絕對主義君主制的一種政治路徑，在歐洲各國走向現代化的轉型過程中，雖然在超越封建制的統治權、治理權等傳統政治權力訴求方面需要一種新的國家定性，都認為主權是一個很好表達現代政治的概念，但究竟如何定義主權這個概念，賦予其何種內涵，卻是不同的，博丹的法國是一種，歐洲的荷蘭等國是另外一種，英國乃至新興的美國則又是另外一種，對此，我們都要有所了解，否則就無法全面的理解現代世界秩序的基本格局之構成。

作為現代國際法之父的格勞秀斯，他對於國家主權的理解就不同於法國的博丹，他並不認為主權是絕對單一的、不可分的，而是由不同的政治共同體集合而成的，是可以分割的，屬一種集合化的國家政治權力。主權也不具有超越統治權、治理權尤其是司法權那樣的高高在上的絕對屬性，不過是某種黏合劑，把各種權力單元黏合在一起，從形態上它受制於自然法的制約。格勞秀斯為什麼會產生這樣的主權觀，顯然與當時他所處的荷蘭聯邦共同國的國家性質有關，因為，當時的荷蘭不是一個君主制國家，而是一個貴族城市共和國，這個共和國是

由諸多貴族組成的一個聯邦國家，國家的權力由貴族們分享，由此形成了議會性質的立法院和執掌行政的治理機構，不過，這個共和國又需要一種統領性的權力，不至於國家分崩離析，形成不了一個政治共同體。這個國家於是接受了主權的擬制，但實際上又時刻防範着這個虛設的主權不能像法國君主那樣做實，搞什麼朕即國家。在當時的歐洲，類似荷蘭那樣的封建公國和城市共和國有很多，它們是城邦國家或準城邦國家，當然他們與古希臘的雅典、斯巴達是不一樣的，而是一種具有現代主權性質的城邦國家。荷蘭就是這類國家的一個典範，他們經濟上具有現代工商社會的特性，政治上也具有法治與民主的特徵。由此，他們也接受現代主權的概念，國家形態也具有主權國家的對外屬性，捍衛其國家利益，受制於國際法的約束，但究其主權的內涵，卻並不接受博丹那樣法國版的主權單一論和不可分割論，排斥主權的超越地位。

在 16、17 世紀的歐洲思想界，除了法國的思想家們熱衷於主權理論，其他國家的理論家們對此並不關注，例如，格勞秀斯的國際法對此並不關心，至於英國的霍布斯（Thomas Hobbes）、洛克（John Locke）等人，雖然大談利維坦和政府論，但關於主權問題也並沒有深究，他們基於當時的英國政治，尤其是內戰和光榮革命問題，集中討論的還是如何構建一個現代政治體制的國家權力與公民權利的協調問題。不過換一個視角，內政問題其實也是現代主權問題的另外一種表述方式，因為現代的國家主權，本來就包括內政與外交兩個層面。

從主權的視角來看，霍布斯的國家理論應該屬後來的博丹法國一路，主張國家利維坦的絕對性，他構建的利維坦顯然是絕對單一、不可分割的政治體。但是，霍布斯的這套理論並沒有變成真正的英國現實，英國的現代史走的並不是霍布斯的

道路，而是後來洛克為之辯護的立憲君主制的國家發展道路。霍布斯的那套理論，在當時的英國並不是主流，英國人並不接受，只是後來思想家們研究現代國家的性質，覺得霍布斯的理論很深刻，揭示了歐洲大陸乃至英國的政治現代化的本質規律，這樣他的著作便成為思想界的重大經典。其實，英國的道路並不是霍布斯的大陸化的國家路徑，而是英格蘭的獨特道路，這個道路從主權國家的角度看，一直採取的是主權可分的理論譜系，英國的主權可分割又為美國的國家體制所繼承和發展，成為美利堅合眾國複合聯邦制的分權制衡體制，由此進一步影響了世界政治秩序的大格局。

為什麼說在英國是主權可分的？這就要追溯到英國的議會主權，追溯到英國的立憲君主制。英國的國王，雖然開始與法國國王都是封建制度性質的君主，但英國君主從來沒有享有法國君主那樣的絕對權力，尤其是在 1688 年光榮革命之後，英國國王就更不可能像法國的路易十四、路易十六那樣企圖權力獨攬。也就是說，英國作為一個現代國家，開始接受主權那樣的擬制的新權力作為統轄各種國家權力的象徵符號，但這個主權的主體是英國議會，議會是英國國家的主權載體，是這個國家的象徵。但是，這個議會主權不是絕對單一的，而是可以分割的，或者說，作為君主立憲制的國家，議會主權是由可分的三個部分的權力集合而成的，英國的議會主權實際上為三個部分分享。首先是國王在議會，其次上院或貴族院、第三是下院或真正佔據主導的下議院，三個部分集合起來共同分享着英國的議會主權，英國就是這樣一個立憲制的君主國家。此外，英國的司法權一直具有着相對獨立的自治權，也與政府和議會保持着張力性的關係。至於美利堅合眾國，費城制憲所構建的現代美國，其主權在人民，這個主權國家又是一個縱向與橫向多層分割的複合聯邦制，走的更不是法國的歐陸道路，而是英美

接續的道路，由此打造的世界秩序是一個海洋法為主導的世界格局。

總的來說，早期現代的世界格局，是以威斯特伐利亞和約為標誌而形成的，但這個世界體系的構建有兩個不言而喻的預設或前提：第一，以基督教為標示的文明國家，第二，參與其中的政治主體是享有主權的獨立國家。15世紀以來，現代的國際格局就是這樣逐漸建立起來的，這與古典時代的古典國家大不一樣。從這兩個預設來看，非基督教文明的其他部落族群，阿拉伯世界和遠東地區的政治部落，都不屬現代世界的國際法管轄範圍，因為它們的宗教非基督教，可謂異教徒，甚至處於蒙昧時代，尚未進化到文明社會，另外，那裏的政治結構還是部落性質的，談不上政治與法制，相互之間也不存在國際法的規範協調，有些已成為歐洲文明國家的殖民托管之地。由此可見，非主權國家、非基督教文明國家基本上是不適用於國際法，適用國際法的只有歐洲各個國家再加上北美的美國。上述兩個預設，是我們理解格老秀斯學派的出發點，儘管格勞秀斯本人的著作並沒有突顯這兩個預設，但作為一種開啟性的國際法學派，它與歐洲早期現代的歷史進程相互關聯。

我們今天來看這個問題，當然上述的兩個預設具有很大的偏頗，值得認真探討和質疑。首先，基督教文明只是人類歷史上眾多文明的一種，此外還有其他文明形態，它們也並不比基督教文明低劣，例如中華文明也是一個源遠流長的文明形態，也可謂光輝燦爛；其次，主權國家固然是歐洲現代思想上的一種擬制概念，但世界體系的構建也不一定非要以主權為主體單位，中國的天下體系也可以視為一種方案。應該指出，中國的天下體系，伊斯蘭的政教一體化，在歷史上也都存續了數百年或數千年。但是，如果承認歷史有演進，有古今之別的話，我

們也不得不承認，現代社會、現代國家的發源是從西方歐美國家開始的，現代的世界體系和國際格局也是從那裏展開的，後發現代化的國家要進入的是這個世界體系和國際格局，而不是天下體系和奧斯曼帝國，所以，進入現代世界開始必須接受這兩個預設，適應它們然後再改造它們。

五百多年的現代世界史，就是這樣一個構建、融入與改造的歷史，就思想形態來說，是從格勞秀斯學派開始的。當然，格勞秀斯學派並不完全等於格勞秀斯本人的思想，它是一個標誌，代表的是國際法的早期現代傳統。説起來這個學派又分為若干代際，由於數百年西方世界的變遷，國際法所面臨的問題發生了很大的變異，衍生出不同的思想流派，但格勞秀斯學派一直是一個主流傳統，格勞秀斯的國際法思想為各家各派所分享，並呈現出不同的樣態，進一步説，諸如現實主義學派、自由主義學派、保守主義學派等主流國際法學，都是從格勞秀斯學派那裏演化出來的。所以，今天我們講現代世界格局，講亨廷頓的文明衝突論，首先要先談格勞秀斯學派，談格勞秀斯的關於現代世界早期的戰爭與和平法。

格勞秀斯的主要著作是《戰爭與和平法》，此外，還有《捕獲法》與《海洋自由論》，這三部論著構成了他的國際法學的基本內容，現代國際法就是從這裏發展出來的。説起來，三部書中的核心思想並非格勞秀斯獨家發明出來的，而是有着歷史與現實兩個背景或源流。首先，格勞秀斯這一代歐洲思想家，他們具有繼古開新的視野，經歷着西方世界的古今之變，他們在法學源流上繼承了古典社會的遺產，例如，格勞秀斯就明確指出，他的法律觀，實際上有三個層次：一個是神法，一個是自然法，一個是人造法。神法和自然法都來自傳統的法學，諸如阿奎納（Thomas Aquinas）的神學、西班牙學派的自然法學，

至於新創建的人造法，諸如國家之間的國際法，則是建立在神法，尤其是自然法之上的。所以，神法、自然法高於國際法或國家法，早期歐洲列國的國際法不能無視自然法的約束，首先要遵從神法尤其是自然法的規範，例如，要尊重人的生命，要依據理性，把人視為人，尊重人格的平等，甚至保護財產權等，這些都是當時自然法的訴求，人造的國家法也要遵守。不過，這些內容畢竟不是格勞秀斯的主要思想，因為作為一種現代世界的國際法，不能是傳統自然法的延續，因為世界已經變化了，現代國家以及相關的國家主權、國家利益，它們作為國家理由成為現代世界的政治單元，並且圍繞着這些新權力甚至產生了一系列涉及領土、貿易、財富和人民的戰爭。那麼，如何為新生的現代世界構建一套法權體系，為當時歐洲乃至未來世界戰爭與和平創制一種正義的權利體系，或者説，構建一種現代文明的正義的法律，才是那個時代思想家們的核心問題，也是時代要求。

不僅格勞秀斯，當時的其他法學家，像馬基雅維利（Niccolo Machiavelli）、蘇亞雷斯（Francisco Suarez）、普芬道夫（Samuel von Pufendorf）、塞爾登（John Selden）、霍布斯、洛克等人，也到針對新起的國家主權以及國家利益問題，站在各自的國家立場上，圍繞着諸如海洋與陸地、領土與貿易、教會紛爭以及戰爭與和平的規則等，提出自己的正義理論和國際法權。相比之下，格勞秀斯的思想理論更為系統，其介入現代早期國家的利益紛爭的法律訴訟更為具體、直接和聚焦，尤其是在西班牙、葡萄牙、荷蘭以及與英國的國家權益的糾紛訴訟中，涉及諸如海洋法權問題和戰爭與和平問題，為此，他提出了一套自己的應對現代世界的自由海洋論和戰爭與和平法權的正義論，這就為現代國際法奠定了理論基礎，某種意義上説，威斯特伐利亞和約就是基於格勞秀斯的國際法原理構建起來的國際秩序。

第一代的格勞秀斯學派，其時代背景大致是早期現代國家興起的時間段，從 15 世紀到 17 世紀，主要涉及的是西班牙、葡萄牙與荷蘭的爭端，其後是荷蘭與英國，以及英國與法國還有神聖羅馬帝國的諸邦國之間的爭端，到 1648 年的威斯特伐利亞和約告一段落。格勞秀斯國際法思想主要有三個層面：第一，是自然法理論，自然法基本原則是現代國家法和國際法的基礎，現代國家之間的紛爭，戰爭的正當性，以及處理戰爭與和平的協議條款，都必須遵守自然法的原則，說到底有一個現代人道主義或個人權利的底線，要把人當人對待。第二，是國際法中的國家利益理論，畢竟現代的戰爭與和平問題，貿易爭端問題，海洋、陸地以及土地資源和人民財產問題等，並不是以個人為主體，而是以國家為主體，涉及國家的利益，以及國家主權和治權問題，這樣就必然有一個國家理由的法學規範，具體點說，國際法處理的是國家間的法律問題，國家利益及其方方面面，成為國際法的主要內容，自然法要轉化為國家法和國際法的基本原則。第三，是戰爭與和平法的具體理論，早期現代國家之間的關係，主要體現為戰爭以及和平問題，當時一系列爭端的表現形式便是戰爭狀態，但戰爭不是最終的結果，和平才是國家關係的常態。為什麼會發生國家間的戰爭，為什麼要訴求和平，以及戰爭發起和結束的諸多法律問題，尤其是戰爭是否具有正義性，何種戰爭具有正義性，依據的標準是什麼等，這些都需要相關的法律來加以約定，並得到參與國家的相互承認。這些就構成了國際法的基本內容，而且這些內容被格勞秀斯學派進一步系統化和專門化，於是才有了現代國際法的學科體系，與之相關也才出現了國際關係理論。

　　國際關係理論是國際法的實際運用，在規範性、程序主義和形式主義的國際法原則之中，加入了政治、經濟與軍事方面的內容，就成為一種政治理論。所以，從格勞秀斯學派的第

一代到第二代，實際上演化出一個雙層次的現代理論，一個是國際法，一個是國際關係，後者是從前者那裏衍生出來的，但又把古典的政治學以及現代的地緣政治、國家理論等嫁接在一起，不完全基於國際法的規範性與形式性，更為強調的是國家利益的實證維度，為一國之現實政治服務。其實，在格勞秀斯那個時代，國際法與國際關係理論是不分的，或者說，國際法高於國際關係理論，但隨着現代國家的發育和變遷，國際法反而退回到規範性的形式主義層面，國際關係由於憑藉各種國家的實力要素，變成了世界秩序與國際格局的重要抓手，但儘管如此，基於國家權力的國際關係仍然不可能真正構成一個世界體系，也難以維繫既有的國際格局，所以，國際法的形式規範主義依然是現代世界政治的基礎，是主權國家共同遵守的公約數。

正是在現代國家的不斷演進中，伴隨着國際法和國際關係理論的變遷，出現了所謂的現實主義、自由主義和保守主義等不同理論和價值取向的學說，這些取向早在早期的現代國際法中，在格勞秀斯學派的理論中，以及在其他早期的國際法學論述中，例如普芬道夫、康德（Immanuel Kant）、塞爾登、哈林頓（James Harrington）、孟德斯鳩、休謨（David Hume）等人的思想中就已經有所論述。現代國家的世界秩序，在經歷了若干國家之間的戰爭之後，也出現一種均勢的國際勢力的平衡，直到第一次世界大戰之前，世界秩序以及相關的殖民地問題，也都還處於這個均勢的國家間協調的框架之下，所以，國際法也還是格勞秀斯學派的主流佔據主導，並沒有出現較大的理論分歧，國際關係也還能由當時的國際法所規範和協調。但是，第一次世界大戰的發生和凡爾賽合約的調整體系，使得現代世界秩序和國際格局出現了重大的分歧，國際法尤其是國際關係理論出現了很大的變異，不同的學說雖然依然共享着格勞秀斯國際法

的基本原則，但標新立異的理論標示紛紛登場，為不同價值取向的現代世界秩序和國際格局背書立論，這樣也就有了諸如現實主義、自由主義、保守主義乃至社會主義的國際關係理論，至於現代國際法不過是這些理論的形式規範主義的標籤。

現實主義學派

現實主義學派既是國際法的一種理論，更是國際關係的一種理論，說起來，現代早期乃至至今的國際法，其主導的價值取向就是偏重於現實主義的，所以，現實主義是國際法的一個基本特性，至於現實主義學派云云，不過是國際關係理論中的對於現實主義考量的一種加強版。那麼，什麼是現實主義呢？說到底就是現代世界秩序中的以國家利益為考量標準的一種國家間關係的學說，這個學說主要用國家利益之得失為衡量國際格局的權重砝碼，處理國家間事務尤其是國際爭端時，集中關注於國家的利益原則。例如，當今的政治外交家基辛格博士（Henry Kissinger），其服膺的就是現實主義學派的國際關係理論，由此也就成為當今現實主義的理論大師。

這個現實主義其實沒有什麼特別可說的，早期現代政治的兩個預設中，就有一個國家主權的預設，而主權一旦落實為國家間的關係問題，就很容易轉化為國家利益原則，在現代國際秩序中，各個國家都會通過實施一種功利主義的原則來處理國家與國家之間的主權關係。這種利益原則最典型的表現就是18、19世紀拿破崙一世（Napoleon）時期的國際均勢理論，均勢講求的是國家間的勢力均衡，其表述形式基本上就是現實主義那一套，以國家實力為標準，不講求過多的價值取向，國家被視為一個硬核，內部的組織結構不被重視，重視的是國家之間的力量對比關係。在國際問題上，休謨就是一位早期的現實

主義者，他寫過專門的《論均勢》文章，站在英國的國家立場看待當時的國際關係，他主張最有效的外交策略是保持歐洲各國的均勢格局，避免某個國家像法國那樣的一國獨大。這種均勢理論後來成為國際法和國際關係理論中的現實主義的基本原則，從實踐層面來說，英國一直是一個老牌的現實主義國家，其秉持的外交方略主要是採取均勢的現實主義原則。這個方略又被稱之為離岸平衡手，這是借用棒球運動的一個術語，指的是英國作為一個島國，要保持它在歐洲格局的重要地位，就要像平衡手那樣使得歐洲大陸各國保持一個均勢的狀態，不能讓西班牙、荷蘭、法國、德國甚至俄國成為大陸超強的國家，這樣就會威脅英國基於強大海軍以及工商貿易的優勢地位，這種現實主義的外交顯然是基於國家利益考量的，也是很高明的，依靠這種外交哲學，英國從 19 世紀開始迎來輝煌的維多利亞時代，大不列顛帝國持續一二百年，直到第二次世界大戰之後，才和平轉讓給美國。

英國是奉行現實主義的老手，從英國那裏產生出一系列現實主義的國際法和國際關係理論大家，例如，20 世紀以來多次修訂版的多卷本《奧本海國際法》（*Oppenheim International Law*）就是基於現實主義的國際法學著作，現代國際關係理論中的英國學派及其代表人物愛德華‧卡爾（Edward Hallett Carr）、曼寧（Thomas Manning）、懷特（Martin Wight）、布爾（George Boole）等也都是現實主義理論家，可以說，從英國到美國，這個現實主義的國際法學和國際關係理論源遠流長，成為一個重要的思想傳統。雖然現實主義從近代到現代的思想演變有一個過程，每個時間週期以及不同國家和不同理論家的觀點各不相同，但仍然有一些基本的原則為這個譜系的理論家和政治家們所奉行。第一，國家利益是國際關係的基本考量標準，國家利益所包含的政治經濟文化，以及國家安全和人民福祉，是世界

秩序和國際格局的基本出發點；第二，為了維護和平的國際秩序，維繫一種國家之間或國際勢力集團之間的相對均衡，則是必要的前提條件，與此相關的國際法、單邊和多邊協議、國際議程等都必須依照這個前提來協調實施；第三，隨着文明社會的進步，即便是國家利益為上，但也要考慮普遍的人權原則，現實主義的國家利益觀也要遵守基本的人權觀，在人權和主權的關係問題上，人權的地位也不能低於主權原則。

上述三點大致是現實主義的基本要點，它們構成了國際法和國際關係理論的主流，應該指出，二戰之後隨着聯合國的出現，尤其是冷戰的兩極衝突，現實主義有了新的變化，但其基本點並沒有遭遇重大的顛覆，聯合國機制的構建以及冷戰的國際格局，某種意義上說也是現實主義的均勢原則的產物。一些現實主義理論家就是從國家利益、均勢格局以及核武器狀態下的現實主義標準來分析解讀當今世界格局的，霸權的爭奪與國家安全的困境成為他們的理論出發點，由此演變出眾多小的分支學派。

如此觀之，現實主義與保守主義是有相關性的，因為保守主義本身就是維護已有的世界格局，不要產生重大的變異，不要發生動盪的革命，保守既有的狀態，也是現實主義均勢原則所訴求的，現實主義的均衡狀態也是一種保守的狀態，所以，保守主義和現實主義很容易聯合在一起。國與國之間、國際勢力集團之間大致要達成一種相對的均衡，就要關注國家的行為，國家行為從國家理性上看追求的是在一個均衡條件下的利益最大化，如果試圖打破均勢平衡，那就是大變革了，大變革既有新的生機，但也帶來某種危機，這對於現實主義和保守主義都是一種考驗。國際法相對來說就顯得保守一些，因為只有在一個穩定的秩序之下才可能得到實施，革命之中無法律，國

際世界也是如此，過去有自然法，現今有人權法，但它們都是理想主義的，屬自由主義學派的譜系，對於現實主義來說，這些不是硬約束。

自由主義學派

在國際法和國際關係理論中，很難發現一種稱之為自由主義的學派，但是，如果研究政治思想、國際法和和國際關係，我認為是有一個價值取向的自由主義譜系的，特別是放在一個世界秩序的大背景下，無論格勞秀斯學派還是現實主義學派，它們都是偏向自由主義的。這裏就涉及到，究竟什麼是自由主義？應該指出，現代的世界秩序以及國際格局還是存在着某種規範性的力量，還是有一定的理想性的價值支撐着，否則就是野蠻狀態，就是叢林法則。作為人的世界，由各種人的政治共同體組成的世界秩序，總會有屬人性獨有的東西存在着，古典社會有自然法則，封建社會有宗教價值，尤其是基督教價值，乃至天道人道等不同稱謂的價值規範。進入現代世界之後，基於人道價值的規範性原則逐漸成為國際社會乃至世界秩序、國際格局中的規範性價值，成為國際法、國際關係理論的正義性基礎。這種規範原則，就成為自由主義的基本原則，尤其體現為現代世界秩序中的人權原則，成為國際法乃至一系列國際性憲章的兜底原則，即便是強調國家利益、國家主權的現實主義，也必須尊重和恪守相關的人權原則，從某種意義上說，國家主權根本上來自國際人權，主權與人權的關係是一種對峙與和諧的張力性關係，甚至為了人權價值，需要讓渡或犧牲某種主權，就終極性上看人權價值大於國家利益。至於保守主義之所以不同於現實主義，關鍵的一點也是其並非完全主張國家利益至上，而是維繫着現實秩序中的價值，尤其是人權的價值，

只不過保守主義對於人權的理解與自由主義有所不同，它更為強調傳統中的自由人權蘊含。

如此觀之，格勞秀斯以降三、四百年的近現代國際關係史，還是存在着一個自由主義的傳統的，並且與現實主義的傳統並行不悖，既相互關聯又相互轉換，制約着人類文明的現代走向。洛克是自由主義的，格勞秀斯也是自由主義的，孟德斯鳩、休謨、伯克（Edmund Burke）、康德、貢斯當（Benjamin Constant），也都是自由主義的，至於現代國際法學的人權主義、進步主義、民主主義，還有國際關係理論的相互依存理論，諸如馬丁・懷特、基歐漢（Robert Keohane）等，也都屬自由主義的大譜系。總的來說，現代世界秩序需要一個基本的人道主義的價值基礎，需要一種民主主義的平等協商機制，需要和平與發展的法治狀態，不能以國家利益或國家主權甚至意識形態為依據限制人的權利與發展，這種訴求越來越成為國際格局的軟約束，並且逐漸落實為相關的國際法制度，這種以人是目的的世界秩序，就是自由主義學派的基本訴求和原則。

當然，這裏肯定存在着一個國家與個人的關係問題，尤其是在一個基於現代民族國家所構建的世界秩序和國際格局的環境下，更使得這種張力關係問題突顯起來，在國家為單元的世界局勢下，單獨的個人往往很難立足，或者說，個人如何與國家協調起來納入國際格局的結構之中，這是現代國際法的一個難題，正是在這個方面，自由主義表現出它的優越性來。自由主義不再強調國家利益為國際秩序的唯一立足點，它們強調個人權利在國家維度下的保障，甚至直接把人權條款納入國際法的原則和標準之中，以此來拷問國家的真實本質。一個打着國家招牌的國家，也可能是敵視人權的國家，自由主義不能漠視這樣的國家之存在，不過，如果過於強化這種對峙，那就轉入

國內法了。所以二戰之後，通過《聯合國章程》以及關於《世界人權宣言》等，約定了國際社會作為一個政治共同體的準入標準，即首先一個國家不僅是主權國家而且還是簽約人權宣言的現代文明國家，至少保持着自由主義的外部形式。從這個意義上說，自由主義的形式規範性還是取得了歷史的進步性，現代國際法與國際關係理論，不可能赤裸裸地為一個敵視人權的強權國家辯護或提供理論依據。

形式與內容有時會發生偏差，甚至出現歪曲和背離，這種名實不符的情況在現代文明世界尤其為甚。這裏涉及三種狀況，第一，是馬克思主義的出現，按說馬克思（Karl Marx）的思想是法國大革命的產物，其中具有着人權的光輝，但經歷了俄國十月革命的列寧主義改造，二戰之後的斯大林主義的國家體制，就與自由主義相去甚遠。而歐洲的社會主義卻堅持自己的道路，走向了一種社會民主主義，搞成了福利國家。所以，在當今世界格局中，除了冷戰前後的資本主義與社會主義的對立後，實際上還有着一種第三種道路的世界格局性力量。第二，由於馬克思之後的社會主義演變，在西方世界尤其是英美傳統資本主義內部，所謂自由主義也發生了變異，自由主義出現了左右翼的分歧，即自由主義左翼與自由主義右翼，左翼又被媒體稱之為白左，強調平等主義取向，與歐洲的社會民主主義逐漸合流，而右翼則與傳統的保守主義逐漸合流，成為西方國家的國家主義或民族主義，甚至民粹主義。不過，在我看來，自由主義的左右翼其實並沒有根本性的分歧，其自由主義的憲法體制以及民主法治、自由權利的架構還是它們共享的基本公約數，只是相比其他的非西方國家的價值主張，自由主義的左右翼分歧被過分誇張了。第三，社會主義中國作為一種取代前蘇聯的新國家力量，開始進入世界秩序的結構之中，並逐漸佔據國際格局下的重要地位，此外，伊斯蘭國家伴隨着原教

旨主義的復興也在世界格局的舞台中，在地緣政治和文化紛爭中越來越顯示出不可忽視的衝擊性。上述三種新情況對於既有的世界秩序和國際格局形成一定的甚至重大的挑戰，甚至動搖了我在前面指出的兩個早期現代國際秩序的預設，基督教文明受到來自伊斯蘭文明和中華文明的挑戰，主權國家受到人權與主權的張力性關係的挑戰，這些都是自由主義面臨的新問題。

表現在國際法和現代國際關係理論中，上述問題就轉化為一種世界秩序以及國際格局結構中的國家認同的合法性問題，甚至延伸為文明認同的道德根基問題，於是，我們看到了在冷戰結束之後並不是世界歷史的終結，反而是三種國際勢力較勁打鬥的膠着狀態。一股勢力是由伊斯蘭原教旨國家構成的力量，一種是英美主導的西方基督教國家構成的力量，還有一種是中國和俄國等國家構成新型社會主義的力量，這些勢力組成的世界格局雖然沒有擺脫二戰之後建立的雅爾塔 - 聯合國的世界體系，但顯然有所重大突破，或者說新的世界秩序和國際格局正在形成之中。為此，傳統意義的現實主義和自由主義乃至社會主義的國際法和國際關係理論難以處理這種新勢力產生的新問題，甚至前述世界秩序的兩個預設，也發生了根基上的動搖，它們匯合在一起，使得國家主權的合法性以及國家利益的現實性受到挑戰，基督教文明的預設以及由此衍生的現實主義和自由主義也被打破，至於人權話語也遭到釜底抽薪的置換，於是需要重新定義什麼是國家身份，什麼是個人權利，什麼是伴隨着高新科技形勢下的戰爭與和平，這一切似乎都聚焦到關於國家與個人的文明或文化認同上來，自由主義如果不能回應這個關於國家與個人的文明認同問題，就難以確立其基本的自由權利原則。於是，國家法和國際關係理論中的一種傳統深厚的保守主義思潮應運而生，重新浮出水面。

保守主義學派

保守主義總是以一種防守的應戰姿態出現的，傳統的保守主義是如此，新近的保守主義也是如此，因為人類文明歷史的演進總是處於變革的過程之中，相比古典世界，現代世界就是一種所謂歷史進步的結果，當今的世界秩序也是從早期的現代世界變革而來的，但保守主義卻總是不願意追隨歷史的大潮，其基本立場就是反對變革，尤其是反對激進主義的變革或激進革命，保守之為保守，就是守護傳統，就是維持既有的秩序，至少是主張漸進主義的改良。

大致與自由主義相類似，在國際法和國際關係理論中，也很難找的到所謂的保守主義學派，保守主義更主要的是一種立場和狀態。如果說過去的保守主義主要是在政治上，即集中於如何防範國際政治變革的浪潮甚囂塵上，防範世界秩序中的國家主義變成強勢力量，抵禦某個國家或國家集團構成一極獨大的狀態，那麼現今的保守主義則集中於文化或文明認同上，它們開始為某種文明尤其是西方文明的認同提供理論根基，從而防範和抵禦其他的文明或意識形態變成一極獨大的狀態。從某種意義上看，保守主義借鑒了現實主義的一些工具性手段，而且與自由主義也不是對立的，甚至與自由主義能夠結合在一起，因為西方文明的傳統就是自由主義的，保守主義所保守的恰恰是自由的傳統以及維護自由傳統的現實主義勢力，所以才有保守的自由主義或古典的自由主義之說法。與保守主義相對立的，不是自由主義，也不是現實主義，而是激進主義，過去是國家激進主義，現今則是文化激進主義，甚至是文明激進主義。

那麼什麼是國際法和國際關係理論中的保守主義呢？就價值立場來看，早期現代世界秩序中的主張維繫和平與均勢的

國際法和政治理論家，諸如格勞秀斯、洛克、休謨、亞當·斯密、伯克和贊同後拿破崙時代「神聖同盟」的政治理論家們，都屬國際政治上的保守主義。至於世界歷史進入一戰、二戰之後，保守主義陷入低谷，自由主義和社會主義逐漸演變為激進主義的理論，它們打着歷史進步論的旗幟，構建起一種新型的諸如國聯和聯合國的國際機制，保守主義不得不隱藏在現實主義的硬核之下，坐看新自由主義和社會主義的激進主義擴張。隨着冷戰終結，社會主義激進革命的一極政治陷入劣勢，而西方尤其是美國的另外一極，在短暫的狂歡之後也被新自由主義的左翼民主黨帶入另外一個泥沼，在伊斯蘭原教旨主義和中國激進主義大國崛起的雙重衝擊下苦於應對。在此期間，所幸有英國的戴卓爾夫人（Margaret Thatcher）、美國的共和黨列根（Ronald Reagan）總統，他們打出了保守主義的旗幟，被視為一種新的政治保守主義以應對激進主義的挑戰。至於時任美國總統川普（Donald John Trump），是否屬以及究竟是何種保守主義，目前還很難確定，至少難以用新老保守主義來定義。總的來說，當今的世界秩序和國際格局確實是處於重大的變遷時期，無論是現實主義、社會主義、自由主義以及保守主義都還沒有定型，傳統的定義顯然名實不符，但基本的態勢還是存在的，那就是如何在防禦激進主義的狂潮中維護世界的基本和平以及人民的基本安全，對此各種政治勢力又具有一定的公約數。

當然，就思想理論來說，保守主義也不是馬後炮，早在冷戰期間，尤其是冷戰結束之後，保守主義就在現實主義的理論包裝下，提出了新的保守主義議題，那就是面對激進主義的挑戰，不能僅僅從國家利益的視角，從政治經濟乃至軍事的維度上看待業已陷入困境的世界格局，自由主義的一般原則不可能解決相關的國際秩序失衡和國家利益的衝突問題。據此，保守主義應該深入政治背後的宗教與文化的根源，從文明政治而不

是國家政治中尋找解決問題的方法和方案。亨廷頓就是這樣一位代表性的人物，他與很多理論家們一樣，逐漸從傳統的現實主義乃至自由主義的思想譜系中走出來，把現代世界秩序和國際格局的根本問題聚集在宗教與文化上面，試圖用文明的衝突來重新定義保守主義的問題意識，這就與那種落腳在國家利益之爭的傳統保守主義有所不同，或者說，他的理論重新激活了傳統保守主義已經消弭的基督教文明與其他文明之爭的國際法與國際關係問題意識，並賦予了與時俱進的新意義。

這樣一來，亨廷頓所代表的保守主義就與休謨、伯克等人的英國保守主義以及歐洲大革命復辟時期的歐陸保守主義有所不同，他關注的不是西方世界內部秩序中的傳統自由與激進變革的張力關係問題，也與美國施特勞斯學派倡導的新保守主義有所不同，不再關注自由帝國的道德根基問題，而是直接面對基督教文明在當今世界格局中所受到的來自其他宗教文明，尤其是伊斯蘭教文明和中華文明的衝擊問題，這些衝擊不再僅僅是國家利益的衝突，而是更為深層的文明和宗教的衝突，是有關文明認同的價值衝突問題。從思想史的視野看，當今的保守主義可以說是保守主義的第三波。第一波是法國大革命後的保守主義，它們是保守主義的創建者，關注的是如何防範當時歐洲大陸的激進主義革命，維護傳統自由秩序的問題。第二波則是第一次世界大戰之後的保守主義，它們面對的問題是激進主義所帶來的西方文化的價值前景問題，諸如施賓格勒（Oswald Spengler）的《西方的沒落》（*The Decline of the West*）等悲觀主義盛行，如何提振歐洲列強之間的衝突所導致的文明衰落，守護既有的基督教文明價值，這是第二波保守主義的問題意識。第三波是二戰之後，尤其是冷戰之後的保守主義，它們面對的已經不再是西方內部的問題，而是其他文明和宗教以及與之相關的政治經濟和軍事國家所形成的異己勢力對於西方基督教文

明的重大挑戰問題，是如何抗衡這些正在興起的力量以守護自由價值和宗教文化的問題。第三波保守主義的影響是現實性的，且影響深遠，對於當今的世界秩序和國際格局的重新釐定具有重大的理論指導意義。

說起來第三波保守主義早在二十年前就被提出來了，但其影響還是潛在的，不時被傳統主流的現實主義和自由主義國際法學和國際關係理論所淹沒，隨着上述主流理論在應對日漸突顯的世界格局中的新情況日趨無效的情況下，這個保守主義就又被再度重視起來，時至今日，其所提出的文明衝突的問題不但沒有減弱，反而越來越強勁。我們看到那種基於文化多元主義的國際法和國際關係理論，雖然能夠支撐現實主義的均勢原則和自由主義的平等原則，但無法維繫一個奠基於基督教文明的世界自由秩序，或者說，源遠流長的現代基督教文明正在面臨重大的挑戰，甚至陷入危機的困境，正是在這個大背景之下，我們來講亨廷頓的理論，才能與格勞秀斯以降的西方國際法和國際關係理論的思想譜系接續起來。

亨廷頓的思想理論及其定位

現在我們先梳理一下亨廷頓的思想軌迹。大家也知道，他確實是一個奇才，十六歲入耶魯大學，然後先後在芝加哥大學和哈佛大學碩士及博士畢業，曾在美國軍界服役，參與過越南戰爭的戰略制定，也參與美蘇冷戰的戰略研究，後來一直在哈佛大學擔任教授，從事國家安全戰略的研究，直到退休，前不久去世。他與基辛格、布熱津斯基（Zbigniew Brzezinski）等人大致處於同一個時間段，是同代的國際關係專家，相比之下，他當然沒有基辛格那麼顯赫，基辛格除了作為政治家之外，在理論上也是現實主義學派的代表人物，學術著作很多，在學院

派裏影響也很大。基辛格的很多作品在今天看來，顯然有些過氣了，屬傳統現實主義的思維框架，他對於世界秩序和國際格局的認識還是國家利益以及勢力均勢那一套。亨廷頓與之不同，他在短暫地服膺現實主義理論之後，隨着冷戰的結束，很快就敏銳地接續保守主義的傳統，對於文明宗教問題給予了重大的關注，由此提出的文明衝突論，開啓了第三波保守主義的大門，其思想理論的生命力直到今天，依然非常強勁，甚至更為突顯，從這個視野來看，他要勝出於基辛格這位同時代的翹楚。

亨廷頓一輩子主要是在大學教書育人，著作等身，屬經世濟用的學者，其思想理路也有一個逐漸演變的過程，這個演變的軌跡恰好表達了一位深諳國際政治的思想家富有實踐性的理論品質，也深得英美精英主義之精髓。他的思想集中體現在四部著作中，第一部是《變化社會中的政治秩序》，此書大體屬現實主義的傳統理論著作，奠定了亨廷頓國際政治學家的地位。第二部是《第三波：二十世紀後期民主化浪潮》，該書影響也很巨大，其基本傾向已經從現實主義轉為自由主義，但不屬左翼自由主義，而是偏保守的自由主義，主要研究後發國家民主化進程中的政治轉型問題。第三部是《文明的衝突與世界秩序的重建》，此書是亨廷頓最有創建性的思想理論著作，著名的文明衝突論便是在這本書中提出的，由此亨廷頓確立了他的保守主義政治思想家的理論地位，刷新了傳統保守主義的思想觀念，開啓了第三波保守主義之先河。第四部是《我們是誰？》，該書延續着文明衝突論的主體，主要聚焦於當今西方政治和世界秩序霸主的美國，分析其國家特性和文化認同所面臨的新挑戰，進一步展示了他關於基督教文明世界的憂慮，這部著作充分體現着他的兼容現實主義和自由主義的保守主義右翼理論家的特

色，並把保守主義國家理論和世界秩序的重心落腳在文明認同的基礎之上，對於西方世界尤其是美國社會提出了嚴重的警示。

下面我大致勾勒一下亨廷頓上述四部著作相關的問題，並重點講解他提出的影響深遠的文明衝突論以及美國的國家認同問題。

社會變革、民主化與政治秩序

二戰之後，整個世界就處於巨大的社會變革之中，不僅是主流的西方資本主義國家如此，蘇聯所形成的社會主義國家陣營如此，其他後發的第三世界國家也是如此，尤其是對於非蘇東陣營的廣大的拉美和亞洲國家，這個社會變革，實際上又面臨着經濟發展、民主化與政治秩序的構建問題，這些問題不但存在於一國之內部，而且還影響着整個世界格局的構成狀態。關於這些第三世界後發諸國中的社會變革、民主化和政治秩序的關係問題，是亨廷頓在《變化社會中的政治秩序》和《第三波》這兩部著作中所要集中處理的。

在亨廷頓眼裏，第三世界後發國家它們要像第一、二波的歐洲國家那樣進入現代世界，其首要的問題是如何找到一條現代化的發展道路。這個道路當然不可能照抄西方已經走過的，也是抄不來的，它們的發展和變革勢必要根據各自國家的實際情況來搞，這樣就很可能面臨着一種兩難的困境：一方面，這些國家的發展往往不是自發的，而是國家主導的，政治凝聚力以及強勢政府的作用非常關鍵，所以，這些國家的現代化道路採取的不是西方小政府的做法，而是強勢政府的管控與治理，是通過打造一種穩固的政治秩序權威從而達到現代化的目標。但是另外一方面，現代化又是民主化，民主化是現代社會的普

遍訴求，民主化的過程又是去除政府強勢管制的過程，是大眾參與和分享的個人化釋放的過程，無論在政治層面和經濟層面，民主意味着去權威主義，排除強勢政府，實現個人的自由發展。這樣一來，後發國家的現代化的兩個維度就處於矛盾的狀態，社會轉型需要強勢政府的推動，需要構建一種權威的政治秩序，民主化又需要發揮個人主義的政治參與，破除威權主義的政治秩序，促進小政府大社會，實現個人的自由發展。上述問題實際上是政治學中一個經典的老問題——政治權威與個人自由的關係問題，它們在後發國家的現代化變革中又以一種新的方式表現出來，亨廷頓分別在自己的兩本著作中，具體考察分析了不同時間階段的幾個著名國家的案例，諸如西班牙、阿根廷、印度和韓國等一些國家的社會、經濟與政治的變革內容，探討它們是如何在現代化國家轉型中應對相關的一系列問題的。

在《變化社會中的政治秩序》一書中，亨廷頓審視了那些後發的新興國家走向現代化的制度前提問題，提出了一種第三世界國家走向現代化的「強政府理論」。在他看來，二戰後亞非拉一大批國家紛紛擺脫原有的殖民地、半殖民地而獨立，開始了現代化的社會進程，但到 20 世紀六十年代，除少數國家以外，大多數國家不僅沒有擺脫貧苦和落後狀態，反而陷入了政治動盪和暴力衝突。這種狀況說明了一個問題，那就是後發國家的現代化進程遭遇了一系列的困難，不是單純靠經濟社會的發展就可以解決的。因為在這些國家經濟社會的發展往往會導致各種各樣的政治動盪，而政治動盪反過來又會嚴重阻礙經濟社會的發展，甚至使一個社會崩潰。一個國家如何避免政治動盪，實現政治穩定中的經濟社會發展，才是實現現代化變革成功的關鍵，建立一種強政府的政治秩序，才是保障社會經濟發展的基礎條件。亨廷頓提出的這一強政府的社會發展理論，

顯然與現代社會普遍適用的小政府理論是相違背的。為什麼會是如此呢？亨廷頓認為業已實現現代化的國家，小政府作為一種政治秩序的基本形態是可以接受的，並且能夠保證國家的政治穩定，但是，對於那些還在變革中的後發新興國家來說，情況卻是相反的，在那裏政治不穩定的根源就在於現代化過程本身。從理論上來說，現代化導致的結果是政治穩定，但現代化的變革過程卻滋生着動亂和不穩定，由此，從不穩定到穩定，需要一個強有力的政府來把控政治秩序的基本動向，這是實現現代化的政治基礎。

亨廷頓指出，經濟相當發達和經濟比較落後的國家在政治上都比較穩定，易於發生政治動盪的大多是經濟上有一定程度發展的國家。主要原因是經濟的發展、集團的分化、利益的衝突、價值觀轉變以及民眾參與期望的提高，都遠遠超過了政治體制的承受能力，進而導致了社會紊亂。要根除國內政治的動盪和衰敗，這些國家就必須建立起強大的政府，所謂強大的政府也就是有能力制衡政治參與和政治制度化的政府。通過考察，亨廷頓把第三世界發展中國家大致分為傳統君主制政體、軍人左右局勢的普力奪政體和革命政體，並對這幾種政治體制在進行現代化改革過程中如何克服不同的困難、利用各自的有利條件進行社會變革的經驗與教訓、成功與失敗等案例，做了客觀充分的研究，從而得出了強政府有益於後發國家實現現代化的結論。問題在於強政府與民主化往往是不兼容的，甚至是對立的，而民主化也是現代化的一個重要指標，後發國家或第三世界發展中國家要實現現代化同時又實現民主化，這就是一個難題。實際的情況是，那些從傳統君主制、軍人威權體制、普力奪（praetorian）體制和革命奪權體制中通過強權政府而走向現代化的國家，大多是一些民主化程度很低的國家，它們如何

實現民主化這是亨廷頓在《第三波》一書中所要解決的問題，這個問題與上一本書的問題密切相關。

亨廷頓首先還是從一個歷史的大視野來考察 20 世紀的民主化浪潮，依照他的看法，現代世界大致經歷了三波民主化的進程。第一波是一個長波期，始於 1829 年到 1926 年，從法國革命和美國革命開始，民主化在西方國家首先興起，大致用了一百年的時間，第二波是一個短波期，從 1943 年到 1962 年，始於第二次世界大戰，這是一個第三世界民主化蓬勃發展的時期，但好景不長，很快便面臨一系列問題而告結束。第三波從 1974 年開始，標誌是葡萄牙通過軍事政變推翻獨裁政權，由此開啓了新一波發展中國家的民主化進程，這個進程直至今日也還沒有結束。與第二波相比，第三波的民主化浪潮出現了新的情況，民主化進程面臨着優劣勢參半的複雜情況，其結果並非一帆風順，目前僅有三十多個國家大致實現民主化的政治體制。為什麼會如此呢？這就又回到上述的老問題上來，也就是說，強政府雖然在一個國家走向現代化過程中是有效的，但這類強權政府大多是威權的專制政體，政府權力過於強大，就會阻礙民主化的進程，抑制經濟社會的進一步發展。雖然經濟全球化趨勢的增長和科技革命的發展，一方面推動和促進了這些國家內部的民主化呼聲，形成了世界範圍的民主化浪潮，但另外一方面，這個民主化浪潮能否能有效地迫使強權政府接受民主體制，並避免政治動盪和國家崩潰，就成為一個非常困難的問題，它們考驗着這些國家的政治家或鐵腕人物的政治成熟，也考驗着這些國家人民廣泛參與民主化的政治素質，還可以檢驗這些國家經濟發展的質量。

亨廷頓在《第三波》中指出，雖然民主浪潮勢不可擋，民主政治成為普世價值，但民主也不是一句空話，總要與一個社

會的經濟發展相互匹配，而經濟發展與民主政治之間的關係又是複雜的，因時因地有所不同。經濟因素對民主化有着重大的影響，但並不是決定性的。經濟發展與民主化轉型之間存在相關性，卻不存在因果性關係。一般說來，一個國家在經濟發展程度達到人均 CDP1,000 美元到 3,000 美元之間，民主化轉型最容易到來，人均 GDP 低於 1,000 美元的國家則很難實現民主化轉型，至於達到 3,000 美元之後的國家，雖然實現民主化轉型的概率會增加，但並不必然實現民主化政治體制。經濟發展與政治民主並非是一種線性相關，而是 N 形曲線關係。亨廷頓認為，經濟的發展只是影響民主化轉型的一個重要因素，但絕對不是決定性因素，經濟因素只有與其他因素相結合的時候才會發揮促進民主化轉型的效果。就第三波發展中國家民主化轉型的實際情況來看，經濟發展的實質程度與短期的經濟危機或失敗相結合，才是最有利於威權政權向民主政府過渡的經濟公式，但這種多元因素正向結合的比例並不是很高，許多國家難有這樣的好運氣。或者經濟發展的程度很低，質量欠佳，或者強權勢力過於強大，不願放權接受民主體制，一旦民眾的激進民主與強橫的政權直接對峙甚至付諸暴力革命時，就有可能導致劇烈的政治動盪乃至國家崩潰，出現重大的倒退。總的來看，第三波國家的民主化進程時至今日，依然舉步維艱。

文明衝突與美國的國家認同

　　前面兩部書亨廷頓主要是以西方為中心的現代秩序和國際格局為坐標，來分析第三世界後發國家如何進入現代化和民主化的進程所面臨的問題，或者說，還是現代世界和現代文明的外部問題，在此時期，亨廷頓採取的主要是現實主義和自由主義的偏右的思想理論和方法論，保守主義也還隱含在其背

後。但是，隨着世界格局的變化，尤其冷戰結束後所出現的多元格局新情況，亨廷頓不像他的學生弗朗西斯·福山（Francis Fukuvama）那樣樂觀，反而是越發顯得憂心忡忡，他的思考開始有所轉向，甚至發生了重大的變化，主要表現在如下三個方面。

第一，他研究的問題直接面對西方的現代政治體制，尤其是以美國為代表的現代民主自由體制，發現這個體制乃至由此擔當的整個世界秩序和國際格局面臨着重大的衝擊和挑戰，甚至處於重重危機之中。第二，為什麼在冷戰結束之後，不是自由世界的歷史終結，反而是異己的非民主自由的體制和勢力甚囂塵上呢？這就促使亨廷頓不再關注於過去主流國際政治學所看重的政治與經濟問題，而是轉向文化、宗教和文明問題，在他看來，現代的世界秩序和國際格局在政治經濟背後，還有一個更為深遠的文明和文化認同的根基問題，西方世界要面對挑戰完成世界秩序的重鑄，以及這個世界秩序的領導國家——美國要擔負起歷史的責任，就必須重新確定基督教文明的價值以及美國國家特性的文化認同。第三，為此，西方世界各國就不能僅僅還是繼續強化政治、經濟乃至軍事科技方面的領先地位，這一套不過是現實主義和自由主義的老調子，沒有必要重彈。這就促使亨廷頓開始大力倡導保守主義，尤其是張揚文化、宗教和文明意義上的保守主義，他試圖通過開啓保守主義的第三波思想議程，為陷入迷霧的西方世界和美國朝野精英，提供一種創建價值觀和國家認同的方案，從某種意義上說，這個思想方案是超越政治、經濟和軍事科技之上的世界秩序重建的升級版。亨廷頓的上述想法集中體現在《文明的衝突與世界秩序的重建》和《我們是誰？》這兩部重要的著作之中，並被濃縮為「文明衝突論」聞名於世，產生了持久而重大的影響。

在亨廷頓看來，冷戰之後的世界格局，不再是民主政治與經濟發展的程度和質量，甚至不再是意識形態的分歧，而是文化和宗教的差異將導致世界幾大文明之間的競爭和衝突，並且主導着世界秩序和國際格局的基本結構。為此，他在《文明的衝突》這本書中，還是從歷史的大視野中，分析總結出人類歷史的七大或八大文明，即中華文明、日本文明、印度文明、伊斯蘭文明、西方文明、東正教文明、拉美文明，還有可能存在的非洲文明，認為它們才是決定世界秩序的最為本質性的力量。由於不同文明尤其是宗教之間的不可化約的分歧，當今的世界格局必然陷入國際化的紛爭和衝突，這些突出的根源既不是政治經濟也不是意識形態，而是宗教文明的形態，今後主宰世界格局乃至全球化時代的將會是文明之間的衝突和鬥爭。

西方世界歷來被視為基督教文明，基督教在現代世界格局中扮演着舉足輕重的主導地位，但是，這個地位時至今日越來越受到其他文明的挑戰和衝擊，亨廷頓不無驚醒地指出，當今西方文明以及這個文明所支撐的世界秩序，其最大的敵人是伊斯蘭文明的擴張，這個伊斯蘭教尤其是原教旨主義主導的國家，很可能是基督教文明世界的最大衝擊者和破壞者。其次就是中華文明，以儒家為代表的中國勢力，也被亨廷頓視為異於基督教文明的力量，也對現代的世界秩序造成了很大的衝擊，其他的文明國家，雖然與基督教文明也有分歧，但其構成的異己性衝擊並不巨大。所以，通過歷史與現實的分析，亨廷頓認為，西方的基督教文明所面臨的兩個最主要的對手，一個是伊斯蘭文明，一個是中華文明，具體的表現形式，一個是伊斯蘭教的國家，一個就是正在大國崛起的社會主義中國。

應該指出，亨廷頓的文明衝突論是有一定的前瞻性的，911 事件對於美國、西方世界和基督教文明國家的刺激是非常強

烈的，美國和國際社會的反恐鬥爭就與這個文明衝突論不無關係。但是，亨廷頓的觀點也引發了諸多爭論，例如，他沒有區分一般的穆斯林國家與伊斯蘭原教旨主義國家，把俄羅斯視為東正教國家並與基督教國家做了切割，把中國視為儒教國家而無視中國的馬克思主義意識形態特性等，這些都未必在理論上說得通並與實際情況不相符合。儘管如此，亨廷頓畢竟在原則上把不同宗教和文明的分野提高到世界秩序之根基的位置，取代了傳統國際關係理論所賴以依據的諸如國家政體制度、經濟發展規模和軍事科技水準的標準，把宗教和文明形態視為最為根本性的劃分標準，這在當今思想理論界無疑是無出其右的，所以才顯得別有新創，不同凡響。

其實追溯起來，亨廷頓的文明衝突論並非什麼獨創的東西，不過是古典思想在當代語境下的一種明目張膽的復歸或復辟，是近五百年來國際法和國際關係理論中的一直被悄悄隱藏着的思想觀念的重新登場和大膽亮相。前面一開篇我曾討論過現代世界秩序的兩個預設，一個是基督教文明問題，一個是現代主權國家問題，這兩個預設在五百年來的思想演變中，第一個問題被擱置起來或被逐漸消解，第二個問題日益放大，逐漸膨脹，最後演變為諸如聯合國機制和普世的世界人權宣言。但是，亨廷頓一語戳破了這個假相，他公開且大聲地指出，當今的世界格局及其價值基礎不是這樣的，而是正在被撕開和顛覆，冷戰之後的世界秩序面臨着巨大的危機，其根源在於文明和宗教之間的分歧、衝突和對壘日益嚴重，要重新塑造新的世界秩序和國際格局，就不能把宗教文明之爭的問題繼續隱藏起來，這也是做不到的，而是要公開和鮮明地昭示出來，把古典時代的文明與野蠻、城邦人與異邦人、基督徒與異教徒的區分公開地挑明，並且正視它們之間的分歧、衝突和鬥爭，這才是亨廷頓眼裏的真正的保守主義，這才是保守主義的敵友政治

論。這種古典主義的文化邏輯，也不是西方的保守主義一家獨有，在伊斯蘭宗教國家早就有信奉真主的與異教徒的聖戰，在中國文化經典中也有文野之別華夷之辨，說白了，關於宗教文明的敵友衝突在人類歷史中從來沒有消除。基督教世界的現代思想理路試圖把這場文明之爭的問題擱置乃至消除掉，這是不可能的，也是沒有必要的，因為西方世界的對手從來就沒有放棄過，他們正在摩拳擦掌，躍躍欲試，亨廷頓所代表的這一輪保守主義不過是把假相戳破，在新的語境下重新說出來而已。

　　站在西方基督教文明的立場上，亨廷頓感到有必要向自己人，尤其是向這個文明世界的領導者 —— 美國人民及其政治領袖們喊話，這就是他的另外一本書《我們是誰？》所要傳達的內容。在亨廷頓看來，現代的保守主義不能僅僅是重複傳統保守主義的那種文明或文化憂傷主義的慨嘆，而是要遵循着早期現代世界秩序的兩個預設，從基督教文明和現代主權國家兩個維度的結合方面，提供新的思想資源和理論論證。為此他找到了一個重大的視角，那就是基督教文明的國家認同，尤其是美國作為一個山巔之國和自由帝國的國家認同。亨廷頓憂心忡忡地感到，歐洲國家的基督教文明的基色正在蛻化，甚至歐洲大陸已經迷失在開放大量移民、基督教信仰倒坍、自由左派的多元文化的泥潭之中，當今世界最能代表基督教文明的國家是美國，而美國雖然在冷戰之後成為全球巨無霸，儼然一個新的羅馬帝國，但美國也並非高枕無憂，而是恰恰相反，美國的國家特性當今也面臨着嚴峻的挑戰。這個挑戰不是政治上的，也不是經濟上的，更不是高新科技上的，而是國家認同方面的，以至於美國都搞不清楚自己是誰啦，也就是何謂美國，何謂美國人，這些最為根本性的問題，美國和美國人並不清楚，或者處於茫然狀態，在亨廷頓看來，這才是美國當今的最大危機。

亨廷頓所謂的國家認同，對於西方世界乃至美國來説，就是基督教文明的認同，就是把上述的兩個預設公開明瞭地疊合在一起的文明政治決斷，即美國要清楚地把自己國家的基督教立國的本性呈現出來，美國是一個基督教文明國家，美國人民認同的或者説把美國人民結為一個現代主權國家的，不是別的，只是基督教信仰和基督教文明。因此，美國才是美國，美國人民才不至於迷失，美國的政治領導者才清楚自己的國家擔當以及作為山巔之國的世界秩序的責任所在。所以，有關當今世界的文明衝突，以及世界秩序的重建，還有國際格局的重新打造，全都系於美國的國家認同的覺醒，系於美國作為基督教文明國家的發揚光大。唯有這樣，美國才有資格和能力，調動全部的力量，包括西方國家以及從屬基督教文明的其他國家的資源與力量，來與信奉伊斯蘭教的穆斯林國家和崇尚中華文明的社會主義中國等國家勢力，展開各種各樣的競爭與對抗，從經濟到政治乃至軍事與高新科技等，直到文明與宗教之間的對決。從某種意義上説，伊斯蘭國家和共產黨中國，為了對付美國，目前已經聯手，西方基督教文明國家也有必要團結起來，在自由美國的領導下，積極應戰，重新塑造基督教文明的世界秩序。這一切當然首先還在於美國的覺醒，明確它的基督教文明國家的本性，這個國家本性其實早在美國立國的時刻就已經鐫刻在那裏，當今保守主義的任務不過是將其喚醒或重新激活。

亨廷頓文明衝突論的性質

前面大致勾勒與討論了亨廷頓四本著作的主要內容和核心議題，那麼結合第一部分的歷史敘述，我們就可以基本了解亨廷頓的理論特性及其在思想史上的地位。當然，他是一位保守主義的思想理論家，這一點尤其是在後兩部書中表現得十分突

顯，無可爭議，或者可以進一步說，亨廷頓所代表的當今美國的保守主義屬第三波的保守主義，即文明和宗教意義上的保守主義，這與前一波國際關係理論中基於現實主義或國家主義的保守主義是明顯不同的，他強調的是文明與宗教維度上的保守主義。不過，如果考察一下亨廷頓的思想演變路徑，我們又發現，他的保守主義也不是憑空出現，而是逐漸演變出來的，亨廷頓也是經歷着一個從現實主義到自由主義最後回到保守主義的理論歷程，而且他似乎又把前面的思想串聯起來了，致使他的保守主義回歸，就不是簡單地重複古典保守主義的議題，而是兩個預設疊加在一起的新時期的保守主義。

這樣一來，亨廷頓的保守主義就顯得十分厚重與複雜，雖然他的論點是簡單、乾脆與明瞭的。那麼，究竟如何在理論上對亨廷頓的保守主義予以定位呢？在我看來，這個定位還是要放在大歷史的背景下，並且結合當今的國際社會的現實語境才能說得清楚，對於這類保守主義，如果站在一個較為客觀的角度來看的話，我認為它具有如下三個維度上的理論特性，第一，自由主義＋保守主義；第二，西方中心主義＋世界多元主義；第三，文明價值論＋歷史悲觀論。

第一，亨廷頓的保守主義，屬自由主義的大譜系，尤其屬基督教文明的盎格魯・撒克遜一脈的自由主義譜系，其保守或維護的是一個自由的傳統，所以，保守主義與自由主義的結合對於他是不言而喻的，或者說，這個保守主義本身就是自由主義的。說到此，就有必要討論一下自由主義的發生史，按照哈耶克（Friedrich Hayek）等人的說法，真正的自由主義傳統，其實就是保守主義的傳統，就是古典的早期現代的自由主義，這個自由主義是與保守主義合為一體的，例如在思想家博克（Edmund Burke）那裏，就是兩者合一的典範，其實整個英美思

想傳統中的自由主義大體都是這種保守的或古典的自由主義。如果再進一步探究這種保守自由主義的源頭，就進入宗教信仰領域，這個保守的自由主義與基督教新教密切相關，亨廷頓所繼承的也就是這個保守的自由主義傳統，並且直接把自由奠基在基督教的信仰之上，沒有基督教信仰，也就無所謂自由政治與自由生活方式。但為什麼仍然是保守主義而不是自由主義呢，這是為了與現代自由主義尤其是自由主義左翼相區別，當今的自由主義已經喪失了保守主義那套基督教信仰的文明基礎以及自由至上的價值理念，變成一種平等至上的多元文化共享的普世主義教條。

所以，這波保守主義他們要恢復基督教文明的根基，儘管吸收或兼容了自由主義，但他們比哈耶克這派不談信仰的保守的自由主義要走得更遠，直接公開表述基督教信仰的文明基石。不僅如此，他們還強化基於基督教文明的國家認同，主張通過使用國家力量來與其他非基督教文明的國家相對抗和鬥爭，以此捍衛自己文明和宗教的生活方式。所以，他們就不是依靠自生自發的演進秩序，而是強調國家間的較量和鬥爭，強調國際政治的縱橫捭闔，經略籌劃，在此就又表現出國際關係理論中的現實主義特性。也就是說，亨廷頓他們主張的保守主義所維繫的自由制度和自由生活方式，不但是有信仰，而且還是有力量，區分敵友論，能夠進行各種各樣鬥爭的保守主義，在從經濟、科技到軍事、法律再到政治制度等當代世界的幾乎所有領域，這個保守主義都可以與各種非基督教文明國家的敵手進行不妥協的強有力鬥爭。所以，亨廷頓所繼承的這個思想傳統最終是一種保守主義，或者說是一種當代升級版的保守主義，只不過這種保守主義吸收了自由主義甚至現實主義的內容，但把它們凝聚在一起的還是保守主義的精神實質。

第二，如果站在客觀中立的角度來看，亨廷頓的思想理論其實並不新鮮，仍然是傳統一貫的西方中心主義之現代升級版，即西方中心主義的主體論加上世界多元主義的附庸論。追溯起來，現代西方中心主義有兩個源頭，一個是基督教文明的優越論，一個是世界秩序的大國領導論，前者屬宗教學，後者屬政治學，按照現行的學科分類，它們分屬兩個不同的學術領域，其概念體系與方法論是大為不同的。亨廷頓的理論打破了這個學科分界，把它們結為一個東西，那就是宗教文明國家論，他試圖在世界秩序中重新定義何為基督教國家，並以此來支撐傳統的基督教文化優越論，也就是說，他不僅僅是從宗教文化學的意義上來定義世界秩序的文明屬性，而且還從作為一種國家實體形式的國際政治學來定義世界政治的文明屬性。這樣一來，他的理論就把西方中心主義強化了，這個西方中心，尤其是美國，不再僅是宗教學意義上，而且還是憲法國家意義上，即基於基督教文明的美利堅合眾國理應擔負着世界秩序和國際格局的領導者的大任。本來政教分離是現代政治學的一個基本原則，國家必須與宗教（教會）予以分離，才是世界秩序的出發點，亨廷頓的保守主義不管這一套，他反而促使它們結為一體，把前述的兩個預設前提公開地疊加起來，明確區分了基於不同宗教信仰的國家形態體系，並為基督教文明國家的優勢論做理論背書，這當然是西方中心主義的現代升級版，因為此前的國際法和國際關係理論一直是淡化國家的宗教屬性的，而亨廷頓與此相反，他公開強調國家的宗教屬性，不講形式平等，只講文明優劣以及強弱鬥爭。

依照亨廷頓的理論，在當今世界秩序中，存在着七、八種宗教文明國家，根據它們與基督教國家的關係程度，又分為兩大類，一類是西方基督教文明國家，並以美國為核心大國，構

成了一個體系，另外一類則是與基督教國家相互對立的可能是敵對勢力的其他宗教文明的國家，這些國家又分兩種，一個是沒有核心大國的伊斯蘭國家，一個便是以中國為核心大國的中華文明國家，而且兩個非基督教文明的異己文明國家正在聯合起來，共同對抗以美國為中心的西方基督教文明國家，這樣就構成了冷戰之後的新的宗教文明國家的嚴重衝突。在此之外的其他文明國家，例如日本、印度、俄羅斯以及其他亞非拉第三世界的眾多國家，它們獨自構不成核心國家，只能成為兩個對立的文明國家體系的附庸，最終被納入兩個對立大文明國家的家族譜系之中。這就是亨廷頓心目中世界秩序的基本格局以及他的理想，即重新定義的西方基督教國家的中心主義及其附庸國家理論，只不過他認為這個傳統的西方中心主義正在受到來自伊斯蘭國家，尤其是作為核心大國社會主義中國的重大挑戰。

第三，面對正在蓬勃發展的非基督教文明國家的挑戰，亨廷頓理論的第三個特徵在他的後兩部著作中日益表現出來，那就是基督教價值的悲觀論，或者說，基督教價值論加上文明悲觀論。一般說來，保守主義總是具有某種悲天憫人的悲觀色彩，亨廷頓也同樣如此，他晚年的著述不無憂心忡忡的悲觀氣質，與那些自由主義的樂觀主義大不相同，他屬基督教文明的悲觀主義。為什麼會這樣呢？主要是兩個方面的因素使然，一方面，他清醒地看到了當今世界上的其他非基督教文明的宗教與國家正在文化復興和大國崛起，例如，伊斯蘭教國家的原教旨主義復辟和人口的大規模擴張以及對外移民，還有中國加入WTO之後的大國崛起和共產黨國家的對外國家戰略，這些都是與基督教文明相互對立的國家力量，它們在經濟、軍事和科技等方面的擴展不可抑制，並且咄咄逼人，相比之下，歐洲老牌的基督教文明國家越來越世俗化，國家能力也相對蛻化，各個

方面都顯得軟弱無力，基督教文明的信仰難以強有力地維繫，這種狀況令人堪憂。

不過，最讓亨廷頓悲觀的還不是非基督教國家的日漸強大以及老歐洲的退化，亨廷頓悲觀主義的核心憂慮還是來自基督教文明國家內部，尤其是來自美國這個核心國家的迷失，這才是糾結所在。他在《我們是誰？》這部書中所針對的是美國，美國人連自己是誰都迷失了，也就是說，作為基督教文明國家的核心領導者，美國已經喪失了它的宗教精神，那麼，即便在物理層面上還能維持一定的優勢，但這種優勢沒有了基督教精神的支撐，還能維持多久呢，又有什麼意義呢？一個非認同或信仰基督教文明的美國，與一個世俗的羅馬帝國，或者一個大國崛起的中國，有什麼區別呢？美國作為新羅馬帝國，其新就在於它的山巔之國的基督教精神和基督教價值信仰，這才是亨廷頓意義上世界秩序之文明根基所在。而當今之時，面對着非基督教文明國家的咄咄聲勢，美國如果連自己是誰，即自己的精神歸宿和信仰所繫，都不清楚，豈不是最大的悲哀嗎？所以，亨廷頓的悲觀主義固然是一種保守主義的悲觀論，更是基督教價值的悲觀論，是基督教文明的悲觀論，他對未來世界秩序的前景並不看好。為此，他要著書立說，他要發出警醒。他是一個清醒的悲觀論者，雖然英美世界當今的情況未必如此，伊斯蘭國家與中國的情況也未必如此，但西方世界和美國，需要這份警醒與鞭策。

綜上所述，我認為，儘管亨廷頓的思想是複雜的，言辭是明確的，作為一種理論，至少它具有保守主義加自由主義、西方中心論加世界多元論、基督教價值論加文明悲觀論等基本特性，這些特性結合在一起，構成了亨廷頓在思想史上的定位。

如何審視亨廷頓提出的世界秩序問題

亨廷頓斯人已逝，留下了一個文明衝突論的世界秩序觀，在今天我們如何看待這個亨廷頓版的世界秩序觀呢？首先，自二戰以來，國際關係理論一直使用的研究範式是基於國家間理論的政治學與經濟學，即所謂的使用國際政治學與國際經濟學方式來看待世界秩序和國際格局，即便是有關冷戰的兩極對立的研究，也是這種方式的延續，再加上一個意識形態論，亨廷頓保守主義的文明衝突論，確實打破了這套傳統的研究範式和研究方法，把基於不同宗教文明及其相互之間的衝突作為一個重要的乃至核心的要素，納入到世界秩序和國際格局的研究中，這不能不說是一個重大的理論創新，具有劃時代的意義。應該指出，亨廷頓的這個理論不是一般的宗教文化學，而是宗教文明政治學，他把人類歷史賡古以來的深層基因揭示出來，尤其是把近現代世界秩序的根基問題揭示出來，在冷戰結束之後，國際社會的這個層面的問題日益突顯，變成改變乃至顛覆現有世界秩序的動力源泉。傳統的國際關係理論，各家各派大多不是回避或消解這個宗教政治學的問題，就是把它們泛泛地劃歸為一般宗教文化學問題，這樣就不能對症下藥，誤判頻繁，亂七八糟，一地雞毛。亨廷頓大筆如椽，綱舉目張，一下子把文明衝突視為現代國際關係各種勢力較量的根本要素，就釐清了當今世界秩序的問題所在及其變化過程中的動力和形式，這不能不說是重振了保守主義的雄風。

現今的世界格局以及紛爭確實如此，無論是伊斯蘭原教旨主義引發的國際恐怖事件，還是中美之間的最新關係 —— 即將到來的中美脫鈎，還有其他地域的各種紛爭，固然有經濟、政治的緣由，但不同宗教與文明的差異所導致的國家間乃至國家群體之間的衝突，確實是扮演着越來越重大的作用，甚至成為

根本性的原因。伊斯蘭國家的情況這裏無須多說，伊斯蘭教與基督教的分歧致使他們與西方國家尤其是美國的緊張關係，這早就是一個老問題，那種用前現代與現代的國家性質的分析方式回應這個問題，固然有一定的意義，但還是不能解決現代化的伊斯蘭教國家和大量的已經移民到西方國家的伊斯蘭教徒，他們為什麼仍然對於基督教文明持有敵對關係的問題。再比如中美關係，如果從經濟上看兩者已經發展到你中有我、我中有你的不可脫離的互補關係，但近期的中美脫鈎以及所謂中美新冷戰的開始，顯然另有更為根本性的原因。這些問題都需要引入一種新的研究範式和方法論，亨廷頓的文明衝突論之所以產生如此廣泛的影響，就在於他提出了一種以宗教文明為藍圖的正在演變的當今國際關係理論，重新構建了一套自己的基於宗教文明差異的世界秩序論，這個理論有助於我們換一副眼鏡看世界。

當然，任何一種理論都是時代的產物，不可能解釋所有問題，甚至還有很多的理論不足或弱點，對於亨廷頓的文明衝突論以及奠基於此上的世界秩序觀，我們也要如此看待。應該指出，宗教紛爭和文明形態的差異，固然在今天的國際世界發揮着越來越重要的作用，但像亨廷頓那樣的把它視為現代世界唯一而絕對的秩序構成要素，顯然有點言過其實，無限制地誇大了宗教的政治功效。當今的國際格局並不是早期現代史中的宗教戰爭狀態，十字軍東征的歷史故事不會在今天的世界格局中重演，因為和平與寬容以及國際法的逐漸落實，全球化的社會進程，還有宗教主義的世俗化浪潮，普世價值的全面展開，都不可能使宗教形態的差異演變為絕對的文明衝突。人類文明的共享內容還是越來越多的，這是世界的大潮流，不單是基督教文明面臨着衰落，其他宗教文明也都面臨着同樣的衰落問題，這是整個古典時代的宗教文明的現代境況。所以，過分強調宗

教文明形態在現代世界秩序中的作用，顯示出亨廷頓思想考量中的矯枉過正的理論弱點。

　　亨廷頓的價值立場也是值得探討的，作為一位社會科學家，秉持一般的價值中立還是需要的，對此馬克斯・韋伯已有相關的論述，但亨廷頓不理會這一套，他的研究明顯暴露出自己的價值傾向性。他所有的理論主張都是為了重振基督教文明的精神，喚醒美國的基督教國家的價值認同，甚至不惜強化當今世界格局中的宗教文明國家之間的衝突和對立，從而激發基督教國家的文明再造之信心。如是觀之，亨廷頓很難說是一位稱職的社會科學理論家，但唯其如此，反而成就了他作為一位思想家的地位，他對於非基督教文明國家的興盛及其它們對於基督教文明充滿敵意的挑戰格外清醒，他對於西方世界的精神衰落和美國基督教文明的迷失痛感憂慮，這些都賦予了他思想家的歷史洞察力和保守主義的現實感，以此，他對於當今世界秩序的認識和美國未來引領基督教文明國家的目標規劃，都是其他的國際關係學家所難以承擔的。對於這樣一位思想家，我們無論贊同他的理論觀點與否，都應該給予相當的敬意與高度的重視。

三、保守主義，抑或保守的自由主義
拉塞爾・柯克保守主義思想的得與失

　　美國作家拉塞爾・柯克（Russell Kirk）的兩本書《美國秩序的根基》（*The Roots of American Order*）和《保守主義思想：從伯克到艾略特》（*The Conservative Mind: From Burke to Eliot*）據悉在中國的讀書界，尤其是社會精英階層，產生了一定的影響，他倡導的英美保守主義理論在中國思想界的影響還在持續擴大。之所以會產生這樣的情況，主要是因為這套書背後有兩個對應的現實背景：一個是西方保守主義傳統的復興，一個是中國當今社會背景下的思想所求。中國改革開放四十年來，新一波西學東漸，晚近西方各種各樣的思想潮流層出不窮，不一而足。最近的一波保守主義思想理論傳播過來之後，受到當今一批學者、思想精英和企業家的推崇，它們既對我們理解西方社會的真實狀況，糾正過去的認知偏差不無助益，也與理解中國社會的某種處境，把握未來演進過程具有一定的相關性。

　　《美國秩序的根基》這本書針對的是美國政治社會思想基礎，對我們理解英美體制的內涵具有重要意義。《保守主義思想》梳理了英美的思想史，強調宗教信仰的價值，這些對於我們理解西方社會體制無疑具有重要的意義。這兩本書翻譯和出版之後，在中國的知識精英階層產生很大影響，讀者們對其「得」談的比較多，對其「失」談的卻比較少。我以為中國知識

界不能毫無批評地對其持有的觀點完全贊同，這可能導致我們對當今思想界的一些問題產生某些誤判。為此，我想從第三者的角度，盡可能較為客觀地分析柯克的思想觀點，雖然我自己的思想理論也屬保守自由主義的大譜系，但我還是想對其「得」與「失」進行一些辨析，做些扼要的概括。

《美國秩序的根基》與《保守主義思想》

首先需要指出的是，柯克這兩本書並不是基於純粹「考古學」意義上的理論著作，而是他基於當時美國思想界的嚴峻形勢，試圖從精神層面理解美國秩序乃至英美體制的思想基礎，並為業已衰敗的西方社會注入一股其來有自的思想動力，從而激發美國人已經丟失的精神遺產，促進美國秩序的重新鑄造。這個精神就是柯克兩部著述一以貫之的保守主義心靈及其歷史演進，這樣一來，柯克實際上就置入一個巨大思想背景的理論爭辯之中，那就是西方持續了兩個世紀之久的三種思想理論或隱或顯的論戰，即保守主義、社會主義和自由主義的論辯之中。相比之下，保守主義顯得是最為缺乏系統性思想理論的一種學說，柯克所勉力進行的便是通過提供一個思想史的敘事和制度基礎的奠基，為保守主義正名，為保守主義的復興和重新煥發生機，提供一套強有力的思想理論依據。這顯然是激動人心的，也是保守主義理論家們從未做過的，所以，柯克的出現在當時的美國思想界乃至在當今的中國，具有極大的刺激性的震撼效應。

柯克是英美保守主義的一個代表人物。在這兩本書中，他對英美保守主義進行理論總結，奠定了他在英美保守主義研究領域中的重要地位。薩繆爾・亨廷頓（Samuel Phillips Huntington）有一篇〈如何理解保守主義〉的文章，通過這篇文章來理解柯

克在西方保守主義領域中的地位就會顯得比較清楚。保守主義是一個非常籠統的概念，這個概念在學術界仍存有較多爭論。按照亨廷頓的說法，保守主義大致可以分為三類：

第一類是與政治、制度密切相關的保守主義。這種保守主義基於一種貴族制度，尤其是王權等級制，西方在 18 世紀就產生了這樣的保守主義。18 世紀前後正是英國光榮革命發生前後，也是在法國大革命之前。保守主義基本上是維繫西方意義上的封建王權。這個「封建」不是中國意義上的封建，而是絕對君主制意義上的封建體制。自由主義相較於保守主義來説，更加注重個人自由、個人權利、市場經濟等，尤其是個人自由。作為與自由主義相對立的保守主義，首先是這種維護封建君主制的保守主義。

第二類是上升到一般抽象理論、哲學意義上的保守主義，凡是對現有秩序持維繫和鞏固態度，反對或排斥對現有秩序進行激烈改革的，都可看做這類保守主義。這類保守主義旨在捍衛現有的秩序和現有的制度，對現行各種秩序、制度產生批判、不滿、抵禦乃至革命的思想和行為就都不是保守主義。在英美語境中，英美現存的制度就是憲政制度，是一個崇尚個人自由、宗教信仰自由的制度。維繫這種制度的就是保守主義，反對這個的就不是保守主義。英美從 18 世紀至今，都是這個憲政體制，希望維繫個人自由、市場經濟、信仰自由等的這種保守主義，實際上就與自由主義合流了。如果使用一個專業的詞彙，可以叫做「古典自由主義」，或者「保守自由主義」，這就與第一類的保守主義有所區別且對之有了深化、演進。捍衛 19 世紀前後建立起來的英美憲政體制和市場經濟，這與自由主義已沒有多少區別。這種保守主義和我們後來所説的「白左」不一樣，和那種偏向於平等的自由主義也不太一樣。

第三類是特殊語境論下的保守主義，即在一些特別時期、關鍵語境下的保守主義。比如如何看待法國大革命問題，如何看待美國南北戰爭問題，如何看待羅斯福（Franklin D Roosevelt）新政，在這些關鍵問題上，是主張維護現有憲制架構、政黨體系、宗教道德，還是主張打破這種制度並建立一個理想的烏托邦，這就是語境論下的保守主義所關心的議題。

柯克這兩本書的價值主要在於，他所倡導的保守主義不是亨廷頓三種保守主義中的任何一種。亨廷頓分析的三種保守主義是相互分割的，屬類型學的區分，而柯克為這三種保守主義類型提供一條貫通起來的線索，並且總結出六個基本的原則，不但梳理出一個保守主義思想的通史，還為現代的英美秩序奠定了思想的根基。我認為柯克的這兩本書至少有如下三個思想史方面的價值：

首先，它將上述三種保守主義貫穿連續起來，可以説是一個完整的保守主義。以前人們所理解的保守主義，如上述三種保守主義，大多是分開理解的。柯克將這三種保守主義貫穿起來，為更好地理解保守主義的精髓做出了很大貢獻。柯克之前的西方保守主義理論家們大多就事論事，但柯克將這些不同的保守主義串聯在一起，可以説把保守主義的家族聯繫在一起了。

其次，稍微有些歷史傳統的民族都有自己的保守主義，比如英美保守主義、法國保守主義、中國保守主義等，但柯克在這兩本書中認為真正的保守主義、需要大家去學習的保守主義是英美保守主義。在柯克這裏，其他地方的保守主義從某種意義上説是一種「低級版」的不保守主義，只有英美保守主義才是純粹的「高級版」，能夠為一個自由的秩序提供根基的富有活力的保守主義。

第三，柯克的保守主義特別強調宗教尤其是基督教宗教信仰的價值。柯克談到，一種超驗性的宗教信仰是保守主義最重要的思想基礎，這一點就與哈耶克及奧派經濟學有所區別。很多保守主義或基於國家利益，或基於個人自由，但柯克的保守主義基於基督教信仰，強調宗教信仰是保守主義最重要的思想依托，這是他與其他保守主義最大不同的地方。相對來說，自由主義更強調個人主義，但是柯克認為的保守主義則重視責任和群體，這就和自由主義所強調的個人主義有所不同。它們之所以有所不同，關鍵在於如何看待宗教信仰。

　　保守主義作為一種「主義」在中國思想界產生是晚近以來的事情。保守主義在中國至少有三種不同形態：一是中國特色社會主義語境下的、旨在維護這個現有秩序和制度的保守主義；二是傳統中國文化復興之後，鼓吹儒家禮儀秩序和道德觀念的保守主義；三是逐漸從西方世界引入，尤其是英美保守思想在中國傳播發展的捍衛法治與自由的保守主義。

　　我認為在紛紜複雜的中國現代社會的思想場域中，柯克這兩本書的價值在於，它首先列出保守主義的六個原則，把西方保守主義歷史譜系的發展演變及其對於美國秩序的鑄造，尤其是強調信仰在保守主義傳統中的重大作用，給予了豐富而強有力的論述，這就使得中國的保守主義尤其是偏向自由主義的那種保守主義，在理論認識上進行了深化和提升。顯然，那種只從制度層面、法律層面及社會層面予以論證和強調保守主義是遠遠不夠的，保守主義應該進入更深的思想、靈魂和信仰層面，在精神價值上確立思想理論的支點。這就與中國現有的三種保守主義做出了重大區別，可以說，柯克的保守主義是一種「文明的保守主義」，與其他各種保守主義的區別是相當明顯的。

柯克保守主義思想的理論價值

考察柯克的兩部譯著，我認為以下六個方面大致體現了柯克保守主義思想的基本理論及其理論價值。

第一，柯克的保守主義為現代社會重新建立了一個基督教信仰的根基。在現代社會，如尼采（Friedrich Nietzsche）所說的，上帝死了，現代社會是一個沒有神的社會，就如艾略特（T. S. Eliot）所說的「荒原」。「荒原」是現代社會的一個精神景象，神死了之後，人的信仰也就沒有了，現代社會基本上是一個沒有信仰的「荒原」。柯克認為現代社會就是這樣一個「荒原式」社會，這是一個非常衰敗的社會，沒有宗教信仰，純粹追求個人自足。每一個人其實都是一個有限的個體，照此發展下去，整個社會必然淪落為一個虛無主義的「荒原」。但是，不惟如此，柯克在這兩本書中認為現代社會仍然有一個基督教信仰的基礎，他確證這個東西是存在的，這個信仰基礎雖然在歐洲比較衰敗沒落了，但是在北美新大陸還是強有力的，尤其是美國的基督教還是有生命力的，從某種意義上說，這是人類文明之所在。柯克之所以強調英美基督教信仰並最後落腳在美國，其判斷大體是正確的，也符合我們今天的觀感。所以，他兩部書的中心就是歸結為美國秩序的英美保守主義思想史。

第二，柯克的這兩本書呈現了一個歷史邏輯，他所要做的主要工作，並被視為最為卓越的思想貢獻，就是揭示了整個英美思想譜系的一個保守主義的歷史邏輯。中國自由主義最大的敗筆，就是沒有故事，沒有思想與制度上的歷史敘事。任何一種思想理論都需要有一套故事才能夠征服人。歷史邏輯分為兩層：一個是制度的邏輯，一個是心靈的邏輯。美國制度與美國秩序，偏重的是一種制度邏輯；宗教信仰和自由精神，偏重

的是一種心靈的邏輯。柯克這兩本書基本上強調的是心靈的邏輯。制度的邏輯，用專業術語來講，可以稱之為「肉身的邏輯」，柯克論述了，例如關於美國秩序的建構與運行，但柯克更加強調的是另一個可以稱之為「心靈的邏輯」的思想價值論述。通過闡釋和發揚關於保守主義的思想史，柯克把英美保守主義的精華突顯出來。

第三，亨廷頓對保守主義的三種分類中，最關鍵的還是「語境論」下的保守主義，這是一種現實的邏輯。保守主義在平時往往是一個平庸的東西，大家認為它是一種維持現狀、不追求變化的思想和觀念，其實，保守主義在關鍵時期會呈現出它的力量，富有力量的保守主義才是真的保守主義。保守主義最主要的代表人物就是伯克（Edmund Burke）。伯克為什麼是第一個保守主義的大家？伯克既是保守主義的源頭，又是自由主義的源頭。比如伯克對法國大革命的反思和批判，就展現出保守主義的力量。法國大革命要毀壞的很多其實是傳統上很高貴的東西。按照柯克的觀點，美國聯邦黨人也是保守主義，美國制憲時期也是保守主義的勝利。

美國在獨立戰爭時期是激進的，從獨立戰爭到美國立憲，其實是兩個階段。美國革命開始階段是激進主義佔主導地位的，但是到了費城制憲時期，保守主義佔主導地位。立憲就是建立一個制度。這個制度就是抵禦革命，「革命的反革命」是通過立憲建立一個制度，這個制度是要反革命的。南北戰爭時期，柯克認為南方人所代表的也是保守主義，林肯在某種意義上代表激進主義。林肯忠實於美國憲法的與時俱進，南方人維護的則是美國老憲法，美國憲法的基本特徵是變中的不變。

第四，英美政治傳統的重鑄。美國繼承了羅馬的很多制度遺產，這點與英國政制有所不同，與經歷文藝復興的歐陸各國

也有所不同。英國後來也演變成為一個世界帝國，傳統的普通法就不夠了，國家治理還需要吸收羅馬的政制經驗，這樣優美的兩個帝國持續相繼，構成了現代世界的主導勢力。為什麼大家崇尚英美？除了它們的思想特別給力並不高滔務虛之外，另外一點便是它們做得也很好，富有實踐性的睿智和技藝。從大不列顛帝國到美利堅帝國，綿延到現在六百年，整個世界秩序是英美構建的。現代世界從 17 世紀一直到 21 世紀，所謂的現代世界秩序就是英國和美國奠定的，它們構成了一個強有力的政制傳統。柯克的兩部書充分地把握到這一點，強調英美秩序的核心意義，並在這個秩序呈現頹勢的當今時代，試圖通過保守主義的精神煥發，以重鑄這個傳統的新命，這是柯克版本的保守主義的「舊邦新命」。我以為這是解讀柯克著述的要點，也是柯克念茲在茲的頭等大事。

第五，倡導信仰與道德。柯克在這兩本書中特別強調英美體制的基督教傳統，他認為 20 世紀之後保守主義有一個復興，表現在兩個方面，一個是制度的基礎，另一個就是信仰的基礎，他尤其強調信仰基礎。他認為，如果沒有信仰基礎，一個社會就會衰落。信仰基礎和純粹的個人主義不一樣，它強調的是一種團契精神，而不是基於個人權利的自由主義。在此，柯克所理解的保守主義就與自由主義有了很大的區別，他認為在個人之上，還有一種責任意識，除了個人對社會的責任之外，個人對群體、族群的責任之外，其實還有更高的個人對神的責任，一種超驗基於天國人神之間的聖約責任。在柯克看來，信仰是道德的孵化器，基督教信仰培育了英美社會的道德，保守主義需要這種道德的支持，除了普通法的法治之外，傳統社會的道德規範也是保守主義構建社會秩序的一個支撐點，因此他格外強調傳統道德的力量。

第六，強化自由與秩序。柯克這兩本書談的最主要的還是自由。所謂自由，並不是說個人想做什麼就做什麼，不是無法無天。真正英美社會自由是在法律之下的自由，是在一套規則之下的自由，法律規則為個人自由劃定邊界，比如在社會中不能損人利己，要享有尊嚴和權利保障等，還有就是政治邊界，政府要遵守政治上的一些法律比如憲法，也包含一些道德層面的邊界，比如說公德，在公共領域要克己奉公等。傳統中國比較強調的是私德，儒家傳統缺乏公德意識，沒有公共性，只強調個體的修身養性。公共性是保守主義非常強調的一個方面，保守主義的信仰不是修道士在修道院的獨善其身，而是體現在公共事務層面。一個公共社會要有公共生活，除了個體私人事務外，健康的社會還要有公共事務，比如慈善事業、社區治理、社會救助等，這就需要秩序和法律，需要公共法則比如行政法和國家法來予以維繫和調節。自由離不開公共社會，離不開法律秩序。中國的法律傳統主要就是刑法，實際上真正的法律不是這個刑法，刑法只是法的一小部分。個人有哪些權利？應該怎麼樣行使這些權利？這些東西才是真正的法律。

哈耶克和奧派經濟學的「自由」是從自然中引發出來的，柯克認為自由來自於信仰，自由的實質來自於信仰，有信仰的人才追求自由，才理解什麼是自由。有了自由的觀念和自由的想法之後，為捍衛這個自由，需要一套制度，由此形成了法治，普通法的法治是最優良的法治，是自由秩序的保障。但法治背後是什麼呢？柯克認為法治與道德之上應該有基督教信仰，柯克的保守主義強調信仰，強調道德，信仰在自由之上。這是他的保守主義與自由主義的最大差異。自由主義認為自由高於平等，自由是最高的價值。柯克這一脈絡的保守主義則認為，自由之上還有信仰，如果將二者進行排序，那麼信仰是最

高的。柯克的信仰特指「基督教信仰」，在柯克的保守主義思想中，信仰是第一位的，自由是第二位的。

柯克保守主義的方法論

柯克的文字綺麗多思，富有文學的想像力，但畢竟兩部著作不是散文，而是原創性的理論著述，第一次系統性為保守主義提供了 一套思想理論體系，因此，這兩本書有它的方法論。我認為，柯克所想的方法論具有如下三個方面的突出特徵。

第一，歷史批判主義。

柯克在這兩本書中，列出了在歷史發展過程中與保守主義相互對壘的其他六種思想，比如功利主義、實用主義、激進主義、社會主義等，它們都是在保守主義演變過程中逐漸出現的，並且在不同的歷史時期與保守主義處於對立的形勢。柯克所列出的這六種思想並不是並列的，在這兩本書中，他對這六種思想分別進行了一定的分析批判。所以，他對保守主義的闡發是通過歷史的批判而逐漸深化的。

第二，感性經驗主義。

柯克的另一個方法論特徵就是堅持英國的經驗主義思想傳統，也就是說，他的保守主義論述並不是邏輯意義上的概念演繹，不是基於邏輯上的環環相扣，而是一種感性經驗主義的描述和論說，總是與歷史上的經驗事實密切相關，經驗是保守主義的生命。所以，儘管柯克的著作洋洋灑灑，古往今來，蔚為大觀，但它沒有一套系統的概念體系和演繹邏輯，他的觀點，甚至也可以說是一些態度和偏見，但保守主義又特別強調這些態度和偏見，認為正是它們才是人類政治文化的精髓，因為這

些態度和偏見經過了歷史的考驗，是在歷史中勝出的知識，此乃真正的知識和思想，保守主義繼承和延續的恰恰是這些看似千年不變的東西，在它們身上維繫着人類的文明道義。

第三，政治人文主義。

柯克在這兩本書中所選擇討論的保守主義思想家，都不是典型的政治、經濟、法律思想家，不是著作等身的學者教授，更多的是一些人文性的思想家，是一些對英美體制和基督教信仰具有思想感悟的人文學者。這些不同時期的社會名流、思想精英，他們都不是現代學院派意義上的社會科學家，而是時代的智者、道德楷模或文人雅士，在他們身上所體現出來的乃是一些保守主義的思想品質，他們的言行舉止深刻地影響着社會，塑造着社會，尤其是他們心靈的基督教信仰，為英美社會的風俗禮儀和制度架構提供了強有力的支撐，即便是其中的有些人士含辛茹苦，孤軍奮戰，乃至被民眾的喧囂所拋棄，但仍然在歷史的長空之中閃耀着他們的光輝。

柯克保守主義思想的重大缺陷

柯克兩部著作的價值與意義不復多論，時下的學術講壇讚揚和闡發者甚多，確實柯克的保守主義思想值得人們給予更多的關注，引發我們的思考與學習，這對於我們理解西方社會、把握英美體制、探究思想源流是非常必要的，也是我們的思想理論界需要大加補課的。依據當今主流的理論，中國要深入融入世界格局，超越英美體制，實現偉大復興，這些首先需要我們認知世界，了解英美秩序以及思想根基，這樣柯克的有關保守主義的言說就是繞不開的。本文的上述所言也是這個思路，但是，在談了柯克兩部書的「得」之外，我覺得有必要談一下

他的「失」，而對此理論界幾乎少有論及。如果深入分析，柯克的保守主義思想存在着一些重大的理論缺陷，作為一種思想理論，兩部書表現出一些重大的不足，如果從一個思想史的高度和富有現實感的社會政治關切來看，我認為它們至少有如下多個方面的偏差和不足，值得我們予以警惕。

第一，過於強調保守主義與自由主義的對峙。

柯克在這兩本書中比較偏重於保守主義與自由主義的對立，並在二者對立的語境下來談保守主義。柯克的保守主義和自由主義是對立的，他是不贊同自由主義的，對自由主義的很多原則他持批評態度。這是柯克保守主義思想的特色，儘管並非完全如此。他兩本書的思想基礎其實是在伯克身上。那伯克到底是保守主義還是自由主義？還是保守的自由主義，抑或自由的保守主義？這是一個很難說清楚的問題。一般來說，自由主義思想的源泉來自於伯克，保守主義思想的源泉也認為來自於伯克。在柯克對伯克的理解中，他強調的是伯克的保守主義，把伯克的自由主義這一塊給忽略了。所以，柯克這兩本書的第一個缺點就是將保守主義和自由主義處在嚴峻的思想對立之中，他站在保守主義立場對自由主義進行批評，尤其是自由主義的幾個基本原則，比如個人至上主義，柯克的批判是非常尖銳的。柯克強調宗教信仰，強調責任倫理，強調共同體意識，對個人主義這一塊他是不贊同的。柯克與社群主義是有關聯的，基督教本身就是一個社群主義，基督教不突顯個人性的東西，它強調的是一種有信仰的團契生活。其次在利益層面上，柯克不太關注利益。自由主義一個最主要的方面，就是強調經濟上的利益問題及法律上的權利問題。無論是經濟上的利益，還是法律上的權利，這都是自由主義的核心內容。柯克主要談的是責任、義務，強調的是美德倫理，這些東西和自由主

義確實有些張力。偏重於保守主義，將保守主義和自由主義對立起來，是柯克思想的第一個缺點。

第二，忽視保守自由主義思想的流變。

柯克為什麼把保守主義和自由主義對立起來？就是因為他把自由主義做了一個簡單化的理解，他對自由主義的理解太膚淺了。他覺得自由主義就是完全的個人主義，只強調利益，只強調個人功利。實際上自由主義本身並不是這樣。自由主義有這些內容，有這樣的制度安排，但自由主義顯然並不主要是這些東西。柯克對自由主義的一些辨析，甚至對英美制度的核心理解，是有重大缺陷的。他說英美是保守主義的樣板，但是英美也可以說自由主義的典型樣板，因為這在理論上是完全可以說得通的。從某種意義上說，自由主義在英美制度中顯示得更加有力，自由主義更加真實地代表了英美制度的實際內容。我們首先看英美的立國實踐，英美國家的憲制架構和政府制度，以及法治主義，都說明英美國家強調捍衛每一個人的個人利益，以及英美的司法技藝，這些東西完全是自由主義的內容。自由主義對英美的解釋比保守主義更加地道。英美首先是自由主義，而不是保守主義。在對英美的理解上，柯克有比較重大的偏差。

柯克所批評的自由主義其實是庸俗的功利主義，這就涉及到自由主義的區分，自由主義有兩種：一種是古典自由主義，具有保守主義精神的自由主義，另外一種是庸俗世俗的自由主義，也即現代的功利主義和偏左強調平等的自由主義。真正對英美制度進行解釋、最具說服力的是古典自由主義，古典自由主義才真正是英美秩序的原汁原味。柯克說的保守主義和自由主義的對壘，針對的主要是現代的自由主義，或者說是一種庸俗的自由主義。他批判這個庸俗的自由主義也有道理，但是他

沒有看到自由主義的精髓是古典自由主義，又稱之為保守的自由主義。我覺得他對自由主義的理解有偏差，不到位，他沒有看到自由主義的好東西，只看到自由主義的糟粕。所以他把好東西都歸屬於保守主義。英美國家確實有好東西，但這種好東西到底是應歸屬於自由主義還是保守主義？我認為這些好東西應該歸到自由主義這裏，甚至保守主義也要納入到自由主義這邊來，所以叫做「保守的自由主義」。要把自由主義做大，把保守主義納入到自由主義，進而消化保守主義，變成一個保守的自由主義。保守主義確實和一定的時代相關聯，比如等級制、特權權利等，但這些在今天已經時過境遷，不可能重新複製。相比之下，自由主義與時俱進，是比保守主義更好的東西，它吸收了傳統保守主義又超越了保守主義，因此屬一種保守的自由主義。

第三，忽視蘇格蘭思想的重大貢獻。

蘇格蘭思想以前在西方思想界曾被忽視過，其實它曾發揮過很大的現實作用。英國的「光榮革命」要通過蘇格蘭的思想改進，才真正完成制度與思想上的「道成肉身」。因此，相比洛克（John Locke）等人等自由主義的激進性質，蘇格蘭的政治經濟學和道德哲學是偏於保守的，屬保守的自由主義，西方政治思想史一般也認為蘇格蘭啓蒙思想是自由主義的重要轉型，從激進主義轉變為保守主義，在英國立憲君主制的現代制度下開始國家建設和社會建設，從政治學、經濟學、法理學、道德學和文明體制上建設一個自由主義的新世界，而且是改良主義的，因此也是保守主義的。柯克對蘇格蘭啓蒙思想評價過低，基本上沒有意識到蘇格蘭思想對於自由主義和保守主義的兩個維度上的重大意義，只是視為一種自由主義的變種，並對此採取批判性的態度。其實，18世紀的蘇格蘭思想無論是對於自由

主義還是對於保守主義，都是十分重要的，它們可以說是開闢了保守的自由主義之濫觴。我們知道，整個現代制度，尤其是現在的經濟制度和道德哲學，以及文明歷史論，都是通過蘇格蘭啓蒙思想這一套理論奠定的。蘇格蘭思想在柯克的兩部書中評價過低，這並不公正，表現出柯克對於西方社會制度以及資本主義的道德哲學，在認知上具有重大的缺陷，這也就阻礙了他對英美秩序及其現實運作的深入而具體的理解。

第四，德性與財富問題。

柯克的兩部書大談德性、道德，尤其是基督教道德，但他沒有處理財富問題。傳統社會是一個農業社會，那時的財富非常有限，主要以農牧為主要生產方式。近代以來，隨着工業革命的開展，現代社會面臨新的重大財富的創與分配問題。追求財富、獲得財富、支配財富，獲取有沒有正當性？難道追求財富、創造財富的市民就是道德上的壞人？如何處理財富，如何持有財富如何處分財富等，這一系列問題成為近現代社會政治的主要問題。對此，柯克在兩部書中基本上沒有涉及，他採取的還是傳統基督教的看法，認為財富和道德是無緣的。這種觀點，在處理現代社會問題時，就顯得非常無力。相比之下，自由主義在處理財富這個問題上就顯得非常有力，它認為創造財富本身就是正義，企業家就是現代制度的創造者，沒有現代企業家們的財富創造與社會經濟的擴展，就沒有現代的政制以及公共事業，所以，自由主義要確立一個基於市民社會的資本主義新道德，這也是蘇格蘭道德哲學遭遇與解決的問題。柯克在處理財富與道德的問題上基本上是空缺的，保守主義如果不處理財富與道德的互動關係，就難以持續演變下去，將會走向衰落之途。柯克對財富的看法顯然非常膚淺，或者說比較傳統老套，基本上還是基督教那一套道德說教的陳詞濫調。我覺得

這是他的一個弱點，當然柯克不是經濟學家，在此也沒有要求他對於現代經濟的發育和擴展機制有精闢之見，但確立起現代經濟社會的道德哲學，卻是必須的，否則保守主義就沒有了容身之地。其實，保守主義對於財富權利的堅守和創造財富的認同是非常充分的，英美社會的傳統秩序有一個財產權的法治保護問題，這也是保守主義的主要內容，但柯克並沒有挖掘出新的東西，這是令人遺憾的。

第五，法律與道德問題。

談到現在西方保守主義的問題，無論涉及到規則問題，還是涉及到秩序、制度問題，離不開對法律問題的探討。柯克這兩本書對法律問題上的研究是比較少的，尤其是在法律和道德的問題上，他更強調的是道德，基督教道德信仰是他思想的主線，而普通法的判例實踐及其司法對於社會秩序與道德禮儀的塑造，柯克的著作討論得並不多，至於法律與道德的張力關係這個近現代以降法理學的主要問題，尤其是英美司法的保守主義特性，柯克的著作並沒有關注。上述問題其實是近現代保守主義的核心問題，它們與英美保守主義的成敗利鈍關係甚大，現代的保守主義所賴以維繫的主要制度和觀念集中在法律和道德兩個方面，它們的性質也基本上是保守主義的。例如，在道德議題的左右兩邊，存在着兩個重大的問題，一個是財富問題，一個是法律問題。如果這兩個問題不處理好，那道德規範就非常弱了，就變成每個個體的私人品行。但是，個體的私人品行並不足以支撐整個龐大的社會及其擴展性運行和演進。如果每個人都覺得自己追求財富、創造財富、享受財富是正當的，那麼這個社會的共同體才有勃勃生機，形成所謂擴展的秩序。但進入社會領域，就會出現道德和法律發生矛盾的問題，哪一個更優先？是法律體現了正義，還是道德體現了正義？道

德是一個對於私人德性的高要求，但一個社會要有一個法律的底線。如果法律和財富的問題，道德和財富的問題，這兩個最主要的問題沒有處理好，現代社會中的一系列重大思想問題都沒法處理。法律和道德問題，還涉及到以德治國還是依法治國問題。道德能代替法律嗎？有了法律，是不是就可以不講道德？每個人都會面臨這些問題。保守主義在這些問題上到底怎麼看？財富問題也是，到底追求財富是否正當？保守主義如果不處理這兩個問題，只談到道德、只談信仰，那就太無力了。對此，柯克的著述並沒有給予嚴肅而深入的討論。

第六，自由主義的公共利益問題。

保守主義不單單是個人私德的問題，這裏面還涉及到一個公共利益的問題。公共利益問題是現代社會所面臨的一個重要問題，它涉及到教育、醫療、公共政策等諸多方面。柯克這兩本書在公共利益問題層面上的處理也有一定的欠缺。我已經指出，柯克的思想理論偏重於政治人文主義，強調思想和靈性層面的保守主義品質，這些都無可爭議，也是保守主義的一個層面。但是，如果談保守主義的整個思想譜系，而不處理公共政策問題的話，顯然是不夠的，保守主義在重大的社會政策問題上，在不同時代的一些重大公共問題上，諸如議會選舉、選區劃分、國民教育、政府稅收、醫療保障、文化政策、移民法案、對外關係等，保守主義都必須提供具體而深入的公共報告，這是保守主義的公共利益問題的表態和發言。考諸歷史，保守主義之所以沒有沒落消失，就因為不同時期的一批批政治家、社會精英，他們承擔着保守主義的責任，在一系列重大的公共議題中，有所發聲，有所行動，所以才有了保守主義的政治家和公共知識精英。

令人驚嘆的是，也正是在這些涉及公共利益的社會政治領域，純粹的所謂保守主義並不多見，而是趨於衰敗沒落，因為基於貴族特權制度的保守主義已經退出歷史的舞台，擔負公共議題大梁的是新興的資產階級，所以，近現代公共利益議題的主導者是自由主義，這是大的基調。但是，資產階級的自由主義公共政治，又面臨左右兩個方面的力量拉扯，一方面是趨於激進主義的市民階級乃至無產階級的壓力，另外一方面，則是與傳統保守主義的合作，構建一個保守的自由主義的公共政治，並主導公共利益議題。這樣也就有了保守主義與自由主義的蜜月合作的問題。要處理 19 世紀英美秩序的思想理論，保守主義與自由主義的合作，以及社會主義與自由主義的合作，及他們中間的矛盾爭辯，由此形成的分分合合，這些都是保守主義思想應該面對的重大社會問題。但是，柯克對此並沒有給予充分的關注和研究，所以，柯克關於保守主義的這兩本書，並沒有很好地處理保守主義的一些重要社會問題，尤其是關於公共政策、公共利益等方面，他基本上沒有什麼思想資源被挖掘出來，也沒有給我們提供一些新的動力機制，柯克更多的是強調道德與信仰的價值和意義，這與他對自由主義的偏見是有密切關係的。

第七，英美憲法制度對於自由和道德培育的貢獻。

英美憲法制度對於英國和美國的自由和道德培育的貢獻，這也是柯克的這兩本書論述不多的地方，我認為這也是柯克保守主義思想的不足。柯克大談宗教道德信仰，這裏有一個邏輯難題，那就是：是制度培育道德，還是道德培育制度？中國的胡適曾經思考過什麼樣的制度才能使我們做一個堂堂正正的中國人？也就是說，一定的制度是能夠培育出一定的德性的，甚至一個優良的政治可以把一個壞人變成好人，一個好人在一個

壞的制度下也會成為一個惡行之人。這個問題早在蘇格蘭道德哲學中就被解決了，而英美的優良政治和法治傳統，也在實踐中充分證實了憲政制度對於自由和道德的培育之功效。大家經常說，當今的中國人性醜惡，道德墮落。為什麼中國人的道德如此之糟糕呢？道德是與人性相關，但人性亙古不變。人本性上是有限的自私的，但人也是有不忍之心的。有限的自私是主要的，但人還有一些公共情懷和仁愛之心。在一段時間之內，如果人性墮落，那麼一定是現行的制度助長了人性中的惡，將人性中一些好的方面抑制住，反而將人性中一些惡的東西釋放出來。所以，憲政制度對於人的道德和自由是有培育作用的，柯克這兩本書主要講道德和自由信仰對英美制度的培育和貢獻，很少談及英美制度對於道德和自由的塑造與返哺之功。

制度之所以持之以恒，富有生命力，是因為這個制度同樣也塑造人的道德和人的自由，也塑造民情，制度和道德是相互促進的。一個好的制度、優良的制度，同樣也可以塑造培育出優良的道德，那麼中國人的道德敗壞，其背後原因是什麼？是因為我們現在的制度壞了，制度使得人向惡的方面邁步，助長了人的道德的敗壞。如果現在是一個優良的制度下，中國人的道德就不可能這麼敗壞。在當今語境下，大談國人道德敗壞，是沒有什麼意義的。道德好不好，是果不是因，當然這不是絕對的因果。在這樣一個壞的制度下，人性被扭曲，制度使得人性扭曲，制度能夠使得人的道德敗壞。放在英美語境之下來看，他們的道德之所以好，一方面是他們的制度好，好的制度可以培育並促進人的道德的進化。這兩本書談道德信仰對英美制度的塑造及建立有多少貢獻，但是沒有談到，他們的制度對人的道德的塑造力量更大。這一點對中國當下具有更大的啟示意義。自由主義為什麼不過多地談論人的道德問題，不是說自由主義不關注人心或人的道德，而是說這個問題是一個逐步培

育的問題，如果構建了優良的制度，美好的道德自然而然就會被培育出來了。

第八，忽視英美體制對於世界秩序的天命責任。

柯克的這兩本書從保守主義來說基本上是守成的，用秦輝的話來講，它們強調的是一個小共同體自身演進問題。但英美秩序又是一個大共同體的問題，甚至同時是一個帝國問題，從世界秩序、世界格局的角度看，英美體制塑造的是一個帝國秩序。如何處理帝國問題，這對於傳統的保守主義與自由主義，都是一個有待深入解決的真正的世界秩序問題。另外，怎樣理解世界秩序，還是一個文明共同體以及信仰的文明共同體的歷史大問題，尤其是英美秩序其實在這個世界秩序中又歷史地擔當了一個主導者的角色。對於這個問題，保守主義不能視而不見。但遺憾的是，柯克的保守主義思想很少觸及這個問題。雖然他強調的是《美國秩序的根基》，但如何理解美國這一國家的雙重特性呢？柯克似乎語焉不詳。其實，關於美國，歷來有兩個敘事故事，保守主義與自由主義都深入地牽扯其中，或者最終形成一個保守的自由主義的主旋律。兩個敘事：一個是美國是美國人的美國，美國至上；另一個是美國是世界的美國，美國既是美國的，美國又是世界的美國。在美國政治思想史中，這兩條線一直起伏不定，有時前者佔主導地位，有時後者佔主導地位。我經常說，如果想更好地理解美國，就要把這個國家看作是一個複調結構。有時候「美國是美國人的美國」是它的主調，「美國是世界的美國」是它的副調；有時候「美國是世界的美國」是它的主調，「美國是美國人的美國」是它的副調。正是這兩種聲調結合在一起，才使得美國具有生命力，在美國政治思想中，上述兩個美國的敘事又與天命與神聖使命的山巔之

國責任意識密切相關，這種秉有保守主義精神的強有力表述，柯克對此的洞察還不突顯。

第九，保守主義對現代激進主義的應對軟弱無力。

20世紀以來，保守主義總的來說，處於守勢，或者說處於潰敗的境地，究其原因，主要是對於激進主義的應對無力，依附於舊體制的保守主義注定是要死亡的，面對社會主義、民主主義的大潮，保守主義要維繫新命，只有一個途徑，那就是與自由主義結合，保守的自由主義或古典自由主義才能戰勝各種激進主義，包括新一波的來自伊斯蘭和中國民族主義的激進主義衝擊，甚至包括來自和西方保守主義內部的民粹激進主義，有人就把特朗普主義的思想乃至英國脫歐的思想理論歸於這種激進的民粹主義譜系。但無論怎麼說，保守主義自身對於各種各樣現代版的左右激進主義的應對和反擊，是相當無力的，柯克在兩部書中所展望的美國保守主義復興也是一種烏托邦的幻想。因為保守主義從本性上說，是守成的，維護的是現行的體制，並為現行體制，主要是英美體制給予加持或提供思想理論的根基。柯克的兩部書的主題主要也是如此，無可否認，他做的非常卓越，富有成就。

相比之下，在二戰之前，主要是自由主義擔當了抑制紅色激進主義、維繫保守主義強有力後盾的作用，這樣也就促成了保守主義與自由主義的合流。但是，二戰之後，這種合作出現裂痕，尤其是越戰之後，保守主義退出了思想理論的論辯場域，各種各樣的社會主義，乃至後發國家的民族主義，以及全球化的民族主義大潮流，致使自由主義不得不改變策略，在保守主義退場之後，尋求與社會主義的合作，由此引發了平等主義和大眾民主的大開展，這樣的結果勢必導致自由主義，尤其

是古典自由主義的式微，偏左的自由主義大行其道，羅爾斯正義論成為主流。物極必反，隨着保守主義與自由主義的相互衰落，激發了新的反彈，這樣就應運而生了哈耶克主義以及奧地利經濟學派的崛起，伴隨着這場思想運動的是戴卓爾夫人（Margaret Thatcher）和列根的新保守主義政治體制。應該説，這一波新保守主義的政治學和經濟學，乃至英美體制，早就不是柯克意義上的保守主義，而是新的自由主義，尤其是與保守主義合流的或以保守主義面目出現的自由主義，它們是古典自由主義的復活和新生。保守主義如果不能認識到這個思想理論的本質，其淪落是必然的。柯克的兩部著作完成於戴卓爾夫人和列根新保守主義出場之前，對於這個前景，他也沒有多少洞察力和預見性，這是令人遺憾的。

前文我簡短而扼要地論述了柯克這兩本著作的得與失，及其對中國思想史的意義，為此，我概括性談及多個層面。首先肯定柯克保守主義的思想價值與理論貢獻，這是不可爭議也是需要大力讚揚的。但是，我也尖銳地指出了柯克思想的一些重大不足或缺陷，這些也是針對英美體制的保守主義的。總的來説，保守主義以及保守的自由主義為現代政治與現代社會，提供了強有力的定海神針，它們是英美秩序的思想基礎，也是現代世界秩序的理論之錨。對於像中國這樣的後發國家，尤其是擁有強大傳統的超大規模的現代國家來説，柯克的保守主義所提供的只能是燈塔，但不是道路。「燈塔」的意思就是指，它是好東西，它所指示的方向是正確的，我們能看到那光照耀着我們，但是怎樣走向那光，走向那燈塔，柯克沒有告訴我們，也不可能告訴我們。

我們都崇尚一個自由的社會，一個高貴的、文明的社會，一個有道德的社會，山巔上的燈塔對我們來説更是如此，我們

知道它是好的，但是它離我們還很遙遠。怎麼樣走向這個燈塔？柯克這兩本書沒有提供任何路徑。但是對我們來說，更重要的是，有了目標以後怎麼辦？走向光、走向燈塔的這條路，是需要探索的。我們以前沒有目標，這是一個問題。現在，我們有了燈塔，到底怎麼走向燈塔，就成了一個新問題。保守主義或保守的自由主義是燈塔，燈塔不是道路。這是我們閱讀柯克的兩部書要隨時謹記的要義。

四、晚清時期的東南互保及其意義

談到這個主題，我感到非常感慨，悲喜交集。我們所處的時期與一百二十年前的東南互保非常類似，從一個大的歷史視野來看，兩者何其相似乃爾。都處在巨變的時期，都站在一個在關鍵的節點上。一百二十年前，義和團興起，八國聯軍入侵，北方大地一片肅殺衰敗，但在南方中國，卻發生了東南互保這種意義非凡的事件。當我們面臨的疫情，以及香港出現的事情，加上國際、國內的經濟狀況和政治格局，誰說我們不是也處在一個風雨飄搖、內憂外患、有待發生巨變的時代？中國未來的變革如何發生，導向哪裏，對此我們不妨參照一百二十年前的東南互保。

在當時北方糜爛、烽煙戰火、國將不國的危難時日，東南中國的半壁江山卻和平安寧、生活井然。出現此種情況，工商士紳和封疆大吏無疑起到了重大的作用，他們通過與列強談判協商，達成了一個東南互保的準國際法協議，這樣才得以渡過危難，並迫使清王朝慈禧太后不久就發布《變法上諭》，開始了晚清新政。關於東南互保的歷史研究，學界已經做得比較清楚和充分，本文討論這個主題，並不是從歷史學的角度對東南互保做一番考證研究。這些年，我主要致力於中國立憲史的研究，在中國立憲史的演變過程中，我認為東南互保具有着發端的意義。所以，我是把東南互保作為中國立憲史的開端，從近

現代國家演變的視角，對東南互保作一個憲法學的研究。我建議大家主要從憲政史、轉型政治、現代國家構建這些層面來理解東南互保的價值和意義。一百二十年後的今天，我們仍然處在一個新的變革時期，同樣面臨着舉國體制，北方糜爛，政治衰微，國際局勢窘迫，經濟危機，民生凋敝，政法力量勃起，政治與經濟社會有待深入轉型。在此之際，我們不妨看一下東南互保是如何促使晚清王朝走出困局的。

社會背景

下面先談第一個部分，東南互保的社會背景。東南互保在一般的歷史學教科書中，是被嵌入到中國近代史的義和團運動和八國聯軍侵入，以及最終簽訂《辛丑條約》這樣一個大的歷史過程中予以敘述的，對此諸位想必很熟悉。我們知道，中國近代歷史自鴉片戰爭之後，發生了太平天國、洋務運動，尤其是與日本的甲午之戰，《馬關條約》的簽署，使得中國作為一個天下王朝受到了巨大的衝擊。甲午之戰後，割地賠款，喪權辱國，導致了康梁的戊戌變法，但這個短暫的變法由於其激進的方式，很快就受到以慈禧太后為代表的保守勢力的打擊和鎮壓。在此之後，中國的政局就處在一個相當灰暗和保守的氛圍之中，某種意義上來說，具有着反動倒退的專制主義性質。

但是，鴉片戰爭以來，隨着中外約章的簽訂，中國南方沿海沿江又蓬勃興起了工商經濟等新生事物。當時和西方列強簽署的各種條約規章，尤其是《馬關條約》，使得中國進一步開放，通商口岸、自由貿易、商品流通等，促進了洋務運動的開展，一種新的生活生產方式以及與此相關的現代觀念、社會階

層紛紛興起，社會經濟呈現出蓬勃發展的新氣象。這當然對清王朝以農業為根本的傳統經濟產生了重大的影響，導致了北方以農耕為主體的生產方式處於蕭條、衰敗和沒落的境況，大量的農民流離失所，農業經濟受到巨大打擊。

除此之外，中外約章還要求中國開放傳教事宜，天主教、基督教等西方宗教在中國大舉侵入，在中國各地建立了很多的教堂、幼兒園、慈善機構和教會學校，對傳統的儒家文化產生了巨大的衝擊。南方工商經濟的發展，以及教會勢力的擴展，導致出一系列教案，尤其是在山東、河北、直隸地區，當時的儒家士紳，尤其是廣大的失地農民，受到民粹主義的蠱惑，形成了一股反對西方、反洋教、反洋人的"拳民反洋運動"。這種盲目排外的義和團風潮在 1900 年前後形成相當的規模。

清王朝當時如何對待這些情況呢？以慈禧太后為代表的保守勢力，他們想利用義和團的影響，招撫義和團入京，借此打擊康梁變法之後的改革派，尤其是那些圍繞着光緒帝、繼續支持光緒帝的改良派。義和團拳民奉召入京，開始全民圍攻基督教會、圍攻外交使團，破壞教會學校、醫院，破壞各地的鐵路、通訊等新興工商事物，這樣就引發了西方列國的強烈不滿。為了保護教會、教堂以及在北京的外交使領館及其在華僑民，八國聯軍準備武裝侵入中國，軍艦直指京畿要衝。在六月期間，清王朝召開了四次御前會議，慈禧太后得到了頑固保守派端郡王載漪、剛毅、趙舒翹等人的大力支持，最終在 1900 年 6 月 21 日，清政府以光緒帝的名義，貿然向大英帝國、美利堅合眾國、法蘭西第三共和國、德意志帝國、俄羅斯帝國、奧匈帝國、大日本帝國、意大利王國、西班牙帝國、荷蘭殖民帝國、比利時王國等十一國同時宣戰。導致八國聯軍攻破大沽口

炮台，開進北京，整個北方處在烽火硝煙之中。這些便是東南互保的大致背景，在各類歷史書中都有大量相關的論述和介紹。

事件過程

下面我重點談第二部分，東南互保事件的運作過程。在一般歷史教科書中，東南互保只是附屬義和團重大主題的一個部分，並不具有獨立的意義。所以對東南互保的評價，在上世紀80年代以前一直認為它是地主買辦階級、朝廷保守派和外國帝國主義勾結起來的行為。在上世紀80年代之後有所變化，認為在當時北方政局混亂、社會動盪的時刻，東南互保能夠保持南方中國的半壁江山之安寧，為清王朝最後的重新恢復，為今後的經濟發展奠定了基礎，從這個角度給予了正面的評價。

我認為傳統史學對東南互保的認識與定位，具有很大的片面性。東南互保並不是鑲嵌在義和團運動的一部分，它固然發端於義和團事件，但卻納入一個更大的中國憲政史的敘事，作為中國憲政史的發端，東南互保事件開啟了中國近現代的憲政史，對晚清新政、晚清立憲以及中華民國的建立，都具有非常重大的啟發意義。如果換一個視角來看東南互保，就會有別於歷史學的傳統敘事。

其實早在1900年6月之前，針對甚囂塵上的北方拳民打打殺殺，當時國內外的有識之士，尤其是一些封疆大吏以及南方士紳和外交人士，就已經感到慈禧太后所把持的清王朝會陷入極端盲目、混亂的朝政狀態，預感到巨大的危險，並開始有所籌劃。隨着義和團被招撫進入京城，恣意妄為，慈禧太后貿然發布對十一國宣戰的《宣戰上諭》，南方中國的那些封疆大吏和士紳、官吏、幕僚加快了運作的步伐，東南互保浮出水面。

參與人物與抗命緣由

　　首先，要提到此事的主要籌劃人物盛宣懷。盛宣懷當時是鐵路大臣，他最早知道清王朝對外宣戰的決定。因為當時義和團破壞了鐵路、通信，盛宣懷利用他管轄的電報系統，知道了對外宣戰的上諭，他就把這個消息告知給當時的兩廣總督李鴻章、兩江總督張之洞以及兩湖總督劉坤一這幾位封疆大吏。他給他們發電報，請他們速做決斷。盛宣懷認為對外宣戰的上諭很可能是兩宮被保守大臣們要挾，誤判作出的決斷，請上述封疆大吏速下定奪。此外，當時在山東任巡撫的袁世凱，由於離北京較近，也比劉坤一和張之洞較早得到對外宣戰的消息。他也打電報告知李鴻章、張之洞和劉坤一，請他們速做決斷。總的來說，北方糜爛，戰火烽起，社會蕭條，大事不好。他們意識到清王朝的這點軍事力量（當時雖然有 20 萬之眾），根本不足以抵抗八國聯軍不到 1 萬人的攻擊。隨着大沽口炮台的失守，八國聯軍很快就會進入京城，北方慘遭淪陷，南方如何自保？當時慈禧以光緒帝的名義下詔要求全國各省的封疆大吏派兵到北京勤王並參與對外的開戰。對此，從盛宣懷到袁世凱，再到劉坤一、張之洞、李鴻章，這一批清王朝的封疆大吏和地方高官，面臨着重要的抉擇，完全聽從慈禧太后的指令派兵勤王，必將招致列強的軍事打擊，東南沿江沿海勢必掀起新的戰事，致使經濟發達、社會安定的南方中國，陷入戰火動盪，千萬民眾處於水火危難之中。

　　此外，在東南互保的運作過程中，當時作為封疆大吏的官府幕僚、南方工商士紳，例如湯壽潛、張謇、沈瑜慶、趙鳳昌、陶森甲等人，他們也發揮了非常重要的作用。這些人雖然並非清王朝的重要官吏，但他們對西方世界、國際局勢多有通曉，很多人下海經商，參與當時的電報、電訊、造船等事宜，

他們與盛宣懷，尤其是與上海道台余聯沅一起，也不甘心自己所在的本鄉本土受到西方列強的軍事干預，他們也不贊同、甚至反對拳民暴徒對社會秩序的破壞。所以，這一大批官吏、士紳、企業家、工商人士，還有當時在英國、法國、美國和日本擔任清政府使節的外交人員，也都紛紛與張之洞、劉坤一、李鴻章有過電報、文字或者當面的溝通交流，為他們出謀劃策。

在東南互保這個事件中，封疆大吏當然是最重要的擔當者，但廣大的士紳、幕僚他們也起到了輔助作用。為什麼當時這三撥人會形成共同的意見和決策？概括起來主要有三層原因。第一層意義是為了江山社稷。也就是說，為了大清王朝和黎民百姓的安危，他們覺得慈禧太后所代表的中央政府，招撫義和團、破壞與列國簽署的合約，對外貿然宣戰，對中國或者對清王朝的社稷本身是不利的，乃至是錯誤的。因此，李鴻章在收到盛宣懷的電報之後，6月25日當天就回覆電文，盛宣懷馬上轉給劉坤一和張之洞，李鴻章認為朝廷下詔對外宣戰，要求各省秦王派兵的命令其實是「矯詔」、「亂命」，不具有正當性，是偽造的。他所說的「矯詔」指的並非形式上的偽造，對外宣戰、要求各地督撫派兵北上秦王的詔書，當然是由慈禧太后的朝廷通過驛站快馬送達的。之所以說是偽造的，是矯詔，因為從根本上來說，這個詔令不符合清王朝的天命，不代表清王朝國家的根本利益，或者說它是一非實質性的、錯誤的王令，對於這種王令各省督撫可以不遵從，李鴻章就說在他管轄的兩廣地區，概不遵從。盛宣懷把李鴻章的這段電報快速轉給張之洞和劉坤一，也正合他們兩人的心意，他們也完全贊同李鴻章的這個看法。因此，在東南中國的督撫大吏眼裏，慈禧太后所下達的這個詔令，並不符合清王朝的根本利益，不符合國家的根本利益，所以他們也可以本質上不予執行。

第二層意義，則是地方社會的本土責任意識。南方中國的廣闊地域，大多屬上述三位督撫的管轄，這片地區的社會狀況與北方不同，並沒有受到義和團的侵擾，它們是中國經濟與社會最發達的區域。為了這片地域人民百姓的安危、和平以及經貿發展、社會秩序等，三撥人也不願意與列強開戰而導致東南疆域被列強炮艦和軍隊侵入，形成一片亂局，致使南方中國像北方那樣生靈塗炭，社會混亂，政局堙滅，人民受苦。基於南方中國的本土意識，要自保，要互保，要與列強達成某種妥協的合約，沒有必要參與北方注定會失敗的戰爭。

第三層，還有一番意義在於，雖然他們忠誠於大清王朝，但對當時的清王朝，尤其是慈禧太后通過戊戌復辟，鎮壓了康梁等人發起的變法，幽禁光緒帝，他們也是不滿的。這些封疆大吏，尤其是廣大的南方士紳，他們某種意義上說都是漸進主義的改良派。他們希望能夠採取一種不像戊戌變法那種激進的改良主義的變革，推動清王朝的體制變革。這種溫和的改良變革需要與西方勢力處在一種和平友好的關係中，切實地履行與列強簽署的各種條約條款，比如《南京條約》等。應該看到，這些條約確實也給中國，尤其是南方中國的經濟發展、社會和平、國家稅收、社會財富等帶來了巨大的收益。因此，他們內心深處希望改革，實行一種改良主義的漸進改革。

這樣的一個共同意識，形成了各界人士積極地參與東南互保的公約數，他們聯合起來，敢於抗拒清王朝的王命詔令，圖謀一種與列強各國在東南達成互保的和平格局。

準國際條約

從形式上來說，上述三撥人都是在清王朝大一統的國家權威的管控之下，雖然他們不贊同中央政府的詔令，但也不願意

以一種對抗的方式造反。所以，就需要找到一種婉轉的方式，以地方政府的形式與駐上海的列國使團達成約款，形式上雖然不具有國家間條約的性質，但實質上仍然是得到共同遵守的準國際條約。實際上，這個準條約確實得到了有效的實施，東南諸省與西方列國互相都大致遵守了相關的條款，儘管不無驚險和插曲，但準條約的內容還是得到了的實施，並取得了很好的效果。所以，我一直都把東南互保視為是一種準國際法意義上的條約。

作為一種準國際法意義上的條約，從法學尤其是從國際法學上對此予以法理辨析則是非常必要的，我在一篇論文中有過專門的論證，儘管這一點很多歷史學家並不關注。東南互保的標誌是東南諸省與當時駐滬的列國公使團達成了一個默契的合約，這個合約主要體現為兩個文件：第一個是《保護上海長江內地通共章程》共九條，又簡稱《東南互保約款》；第二個是《保護上海租界城廂內外章程》十條，這兩個章程的照會換文以及具體的實施就是東南互保的基本內容。

通過這兩個章程，中國的東南五省，後來發展到十幾省，也就是說，整個清王朝的半壁江山與列強諸國達成了某種準合約性質的協定，儘管其中出現了很多小的插曲，但總體上還是被較好地、圓滿地遵循了，並取得了良好的效果。這個效果就是，列強沒有以武裝侵入的戰爭方式在東南諸省派兵進入，沒有在沿海沿長江派軍艦派兵，南方中國基本上保持着原有的格局，沒有新的戰事發生。同時東南諸省在封疆大吏的治理下，也切實地禁止了義和團式的拳民打砸搶，保持着社會的安定，教會的正常傳教，工商業的正常發展，整個南方中國保持着經濟運行、貿易往來、社會秩序和民眾生活的安定與正常。

所以，就出現了這樣的一個奇觀，在當時清王朝以國家的名義與十一國宣戰，八個國家組成的聯軍，從天津大沽口一直打到北京，中國北方社會的中心地段戰火烽煙，人民塗炭，社會秩序大亂，一片蕭瑟之聲。但在中國南方社會的廣闊領域，在最發達的東南沿海、長江沿岸，有十幾個省反而與列國列強保持着和平共處的關係。雙方之間維持着原先一貫的和平經貿，教會傳教正常，社會秩序井然，民生安然無恙，這種正常狀態又是以一種準國際法的協議來落實保障的。這無疑是一個匪夷所思的社會現象，一方面，一個國家和一些國家群體在開戰打仗，另一方面，這個國家的相當一部分地方政府又與這些國家群體保持着和平，還簽署了相應的照會換文，大家相互保全互不干擾。

　　說起來，余聯沅這個上海道台的貢獻不可忽視，他在張之洞、劉坤一的指派下，與當時駐上海的外交領事團多次談判協商，終於實現了籌劃的圖謀。兩個《章程》的談判以及實施並不是一帆風順的，這裏面有幾個問題。第一個，是形式合法性的問題。在法學中這是一個重要的問題，封疆大吏、地方主官，他們究竟有沒有權利與列國公使團簽署相關的條約或者章程呢？第二個，簽署章程的一方是列國，不是某一個國家，列國能否協調遵守這些章程呢？這是兩個當時必須面對的問題。

　　先看第一個問題，是否具有合法性？顯然從形式上來說，一個國家已經對外宣戰了，當時的封疆大吏作為這個國家的官吏，他們沒有權利與正在開戰的這些國家簽署和平協議，從形式上來說這個協議不具有合法性，簽署者缺乏資格權利。也正是因此，有些人，比如台灣的一些憲法學者，他們認為從形式上來看東南互保是不合法的。因為這些封疆大吏不代表中央政府。我在論文中談到，這是基於形式上的看法，但從實質上看

它們是具有着合法性的，屬實質合法性。這個合法性主要有兩點：第一點，中國的對外權有個演變過程，鴉片戰爭之後，清王朝的對外權一直是在地方政府，後來轉到南洋和北洋大臣手中，最後才歸攏到朝廷中央，所以對外權有一個演變過程。地方政府、封疆大吏，尤其是當時的南洋總督劉坤一和兩湖總督張之洞，他們延續傳統，也是具有着某種形式上的對外權的。當然，這個對外權有高低之分，顯然不具有國與國之間的正式條約的簽署權。這就涉及第二點，這次的東南互保，是一個準國際法的條約，它不是以條約的方式簽署的，而是以換文、照會的形式為當事方相互認同的，屬一個較低規格的國際法的契約。從這個意義上說，以換文、照會的形式達成的兩個《章程》，它們低於國與國之間的正式條約，但也仍然具有着一定的形式合法性。

此外，尤其重要的是，從實質合法性來說，當時朝廷頒布的對外宣戰上諭，按照李鴻章的說法，屬矯詔，並不代表國家利益的根本，也不具有真正的實質正當性。封疆大吏通過與列國駐上海外交領事團相互認同的《章程》，以換文、照會的方式達成相互默契和認可，也是具有着一定的實質正當性。也正是基於此，我們看到，後來在《辛丑條約》簽訂之後，清王朝以朝廷的形式，重新對當時參與東南互保的這批封疆大吏給予褒揚，承認他們當時的所為，並給予正面的肯定。像張之洞和劉坤一分別被授為太子太保銜、太子少保銜。在張之洞去世之時，朝廷對他參與東南互保給予了重大的褒揚。所以，從事後來說，代表國家的朝廷和中央政府，對這種當時看上去形式上還不太具有合法性的東南互保，給予了正當性、合法性的重新追認。這是從法學意義上，從形式和實質兩個層面，對於這兩個《章程》的法理分析。

第二個問題為列國參與東南互保的簽署問題。應該指出，這兩個《章程》並不真正屬一種現代意義上的國際法條約，也就是説不具有對等性的公正意義，兩個《章程》明顯地顯示出列強佔有主導性的地位。因為當時的中國處在一種被動的狀況下，列強以他們的軍事和經濟的強勢，採取的是對這兩個《章程》的默認，或者是照會上的接受、認同，他們並不願意以國家的形式簽署這兩個章程。為什麼呢？因為他們認為這兩個章程對他們國家最終是否在南方用兵是有約束力的，他們不太願意受這個約束力的束縛。由此我們也可以看到，現代國際法、現代國際格局，某種意義上還包含一種強權就是公理的內涵。當時的列國，他們憑藉着自己的軍事實力，不願意受制於這兩個《章程》的約束。但是，他們從宗旨上、從態度上，或者從他們的利益權衡上，又是認可和接受的，兩個《章程》也符合他們的訴求。一是因為列國不願意在中國廣闊的南方大地再派艦艇和軍隊，增加他們的負擔，另外當時的南方中國確實在執行着已經簽署的各種條約，像《南京條約》、《天津條約》等都已經得到落實。而且，南方各省地方政府也都嚴令，不允許義和團排外事件發生，南方社會安定和諧，經貿發展，各國利益也得到了很好的保障，並沒有出現拳民喧囂，破壞傳教，破壞教會場所之類的事情。還有更重要的，列國之間內部也不團結，英國、德國、日本、俄國和美國都有各自的打算，相互制衡，在華利益也受到彼此制約，從而為東南督撫採取以夷制夷提供了條件。總之，基於上述多種原因，在東南互保的談判和約定以及實施過程中，兩個章程還是通過換文和照會的形式，得到了列強各國的認可和遵守。

從歷史的結果來看，東南互保其實又分為兩種，一個是狹義的東南互保，還有一個是廣義的東南互保。狹義的東南互保，就是屬劉坤一、張之洞他們管轄的江蘇省、安徽省、湖

南、湖北、江西等五省，直接參與了與列強在上海領事團協商約定的兩個《章程》。這是第一波，東南五省（包括上海）沿着東海以及長江沿岸，是當時中國經濟最為發達的一些省份。此後第二波，陸陸續續很快又有多個省份參照這個模式，與列強達成了互保的約定，它們有浙江省、福建省、廣東和廣西，甚至還有山東省，袁世凱是山東省的巡撫，他對義和團歷來採取鎮壓的強硬方式，山東省內的義和團勢力被朝廷招撫進入河北省直隸京畿地區，所以山東省也是參與東南互保的。總之，前前後後，大致有十幾個省，可以說是沿海沿江半個中國，基本上都參與到東南互保，這就是廣義的東南互保。

在 1900 年六月份前後，一方面是北方的直隸京畿中央地區，戰火烽煙，列強入侵，最後導致慈禧太后帶着光緒帝一起逃到西安，一片敗局，民生凋敝，生靈塗炭，政治與經濟社會受到重大打擊。另外一方面，在整個東南沿海沿江地區，江蘇，浙江，安徽，兩湖，兩廣，福建，山東，甚至包括四川、寧夏等，大量的南方省紛紛參與到東南互保的進程，與列強處於一種相互合作的和平關係之中。使得南方中國的廣闊地域，尤其是中國最發達的東南諸省沒有受到大的影響，保持着基本的和平秩序，經貿正常，生活如舊，一片繁榮祥和之氣。這就為後來慈禧太后回到北京維持清王朝的繼續統治打下了基礎，使得中國不至於崩盤。但是，形勢比人強，經歷這番重大的變故，也迫使慈禧支撐的善後統治不得不實施變法改革，中國社會因此進入一個新的變革時代，這就是晚清新政的推行。

我認為中國近現代的政治變革史有着一個逐漸演變的過程，大致分為兩段，一段是在中華民國肇始之前，叫做晚清新政、晚清立憲，再往前可以追溯到甲午之戰和《馬關條約》，甚至鴉片戰爭和《南京條約》，這是一個以君主立憲制為主導的中

國立憲史。還有一段，是從 1911 年的武昌首義開始的中華民國立憲史，它是以共和憲政為訴求卻蛻變為黨制國家的中國立憲史。到了 1949 年，中國進入到了中華人民共和國，現代中國的立憲史就又進入一個社會主義的新敘事，這個敘事遠沒有結束。

憲政意義

從中國近現代憲政史的視野來看，一百二十年前的晚清東南互保無疑具有着的開啓意義，下面我重點講一下這方面的內容，主要分為三個方面。

第一，南方中國。什麼意思呢？我在多部著作和論文中，提出了一個「南方中國」的概念，我說的這個南方中國當然不是歷史學的中國南北論，也不是地理學和經濟學的南方中國。我提出的概念是政治學尤其是憲法學意義上的南方中國，是中央與地方關係的政體論意義下的南方中國。南方中國在這個東南互保為標誌的事件中突顯出來。也就是說，東南互保以一種準國際法條約的形式，在一個歷史的特殊時期，呈現出了一種晚清時期中央與地方關係的新格局。

從形式上來看，南方是中國的地方。中央與地方，南方諸省是作為地方，不具有國家中央的根本政治意義。但是，從一個國家的構建來說，東南互保時期的南方實際上已經具有了中樞的作用，當時的南方諸省，代表着中國社會改革開放的、經貿發達的中心部分，經濟體量支撐着幾乎全部中國之運行，南方封疆大吏所擁有的軍事權、財政權、人事權、甚至對外權、關稅權等，實質上佔據着中國重心之所在。當時的清王朝中央朝廷實際上已經處於弱勢的地位，它代表着農耕社會的專制和保守的中國。中國的中央與地方的關係以東南互保為標誌，已

經轉換為南方中國與北方中國的關係，重心已經開始向南方轉移，之所以會發生東南互保，也正是因為南方在中國具有舉足輕重的地位。這些封疆大吏、士紳民眾之所以敢於、能夠實施東南互保，列強各國之所以與東南這些封疆大吏和地方政府官員達成東南互保，也表明南方中國已經在經濟上、軍事上、政治上、外交上，主導着 1900 年前後的中國之命脈。

軍事權不用多說，經過太平天國的震盪，八旗、綠營已經不堪敷用，湘軍、淮軍紛紛崛起。據統計，當時清王朝的總督和巡撫大員，累計就有 100 多位來自於湘軍和淮軍。至於國家經濟，朝廷稅收不再依靠土地農田的稅收，主要是通過關稅以及工商稅收。南方中國的通商經貿、外企、官辦民企還有民企等經濟方式已經佔據了主導，通商口岸、貨輪、鐵路以及教育、通訊等，依照與列國的條約紛紛開放，新興的工商階級和市民階級紛紛興起，傳統的農耕經濟已經衰落。在對外權問題上，東南互保對清王朝的國家權威顯然是一次重大挑戰。列強和國人都看到，關鍵時刻對外關係佔主導的還是南方諸省，清王朝最終也不得不追認東南互保的合法性與正當性。南方中國之所以能夠達成東南互保其實是由於一系列社會、經濟、政治、軍事，再加上思想文化的變革所致，南方的民風已開，西方社會的工商觀念、法律觀念、開放觀念、經貿觀念開始深入人心。整個南方中國是一個生機勃勃的，代表着開放的、改革的、富有活力的中國，雖然形式上它還是地方，但是這個地方實際上已經具有着中央的實質地位。相對來說，北方京畿雖然還是中央朝廷，但是已經落敗，是專制保守的農耕社會，處於一種衰落的狀態。東南互保的劃時代意義，在於經歷了 1840 年到 1900 年半個多世紀的演變，它促進了中國的未來政治變革，使得中國的中央與地方的政治格局發生了重大變化。所以，東南互保的第一層含義就是突顯了南方中國的政治意義。

第二，變法中國。南方中國在東南互保之後得到了進一步的發展。我曾經在相關文章中多次談到，近現代中國的三波改革開放都來自於南方，最早的一波是從鴉片戰爭到東南互保，第二波即中華民國也是來自南方，第三波也就是四十年前鄧小平南巡之後的改革開放，也是來自於南方。南方意味着海洋文明，意味着工商文明，意味着融入世界，意味着民主共和法治，意味着立憲政治。所以，東南互保的第二層意義就是變法中國。

　　東南互保形式上是對外關係，東南和南方諸省與列強簽署了一個準國際法的章程約定，其實它在一個特殊時期還是一個具有變法和憲政意義的重大事件，推動了近現代的中國開始真正憲政主義的變法改革。這是什麼意思呢？我們知道，甲午之戰之後有康梁變法，康梁變法當然也是一種改革變法，一樣具有立憲主義的意義。但是這種立憲主義的道路是激進主義的，所以很快就失敗了。與此有別，東南互保開啓了中國改良主義的富有成效的立憲變法的道路，我把這層意義定義為是一種立憲主義的變法中國。因為，慈禧太后在逃到西安的途中，除了下《罪己詔》，還頒發了《變法上諭》。她也感到經過八國聯軍的打擊，整個清王朝處在風雨飄搖之中。要保持清王朝的繼續統治，就不得不真正開始變法改革。《變法上諭》下發之後，隨之在中國大地，尤其是南方啓動了新一輪的改革，這個改革就是晚清新政。

　　晚清新政是自上而下以及自下而上結合在一起的，實際上就是由東南互保催生的，晚清新政的發起是《變法上諭》，為了落實《變法上諭》，朝廷啓用的這批人其實就是實施東南互保的這批人。劉坤一、張之洞他們為了應對朝廷的《變法上諭》，聯合擬定了《江楚會奏變法三折》。這個變法三折就是晚清新政

的改革大綱。與東南互保的運作過程大致相當，《江楚會奏變法三折》主要參與擬定的幕僚、高參，本來就是當時積極參與東南互保的同一批人士，像張謇、湯壽潛、趙鳳昌等，他們在東南互保成功之後繼續為晚清新政以及後來演變出的晚清立憲出謀劃策，甚至逐漸走向實踐，參與諮議局和國會的建國大業。東南互保的成功，奠定了封疆大吏和士紳官僚參與主導新政變革的保守改革精神，改變了中國傳統的王朝政治，促使其向一個現代的君主立憲制的方向演進。晚清新政逐漸演變為晚清立憲，這個新格局是由東南互保奠定的。

另外，關於變法中國，在東南互保期間還有另外一個插曲，值得仔細品味。據說，當時這批人在醞釀東南互保的時候，還有另外一種圖謀。隨着列強打破大沽口馬上就要侵入北京，西太后慈禧要逃亡到底是西行還是南下，當時的南方這批人士企圖把慈禧太后還有光緒帝一齊救駕到南方，在這個過程中不排除保請光緒帝重新執政，廢除慈禧的垂簾聽政。當時的康梁餘黨像汪康年、陳三立、唐才常是有這些圖謀和想法的，但結果並非如此，慈禧帶着光緒帝逃向西安，康梁在國內的餘黨願望落空。歷史有偶然性，也有必然性。回過頭來看，當時最主要的封疆大吏，李鴻章、劉坤一、張之洞，他們說到底還是忠誠於慈禧太后的。雖然他們對慈禧太后招撫義和團，利用義和團整治洋人，最後貿然宣戰大為不滿，對光緒帝也表示同情，但他們並沒有徹底背叛清王朝和慈禧太后的心意。所以這段故事就變成了一段說不清道不明的傳說。

無論怎麼說，慈禧太后最終還是發布了《變法上諭》，帶有洗心革面的意味，為了清王朝的利益，也為了慈禧自己的利益，他們也要開始變法求新。《變法上諭》發出之後，張之洞、劉坤一他們的《江楚會奏變法三折》得到實施，在中央層面開

始變革。晚清新政的變革可以説是中國立憲史的第一部分，如果沒有晚清新政，那麼也就不可能有晚清立憲，也就沒有中華民國。晚清新政是中國從古代社會到現代社會演變的一個重要的樞紐。從晚清新政的官吏改革、行政改革必然進入到法制改革、憲政改革。這個過程走的是東南互保開啓的保守改良主義的立憲道路。

第三，世界中國。這是什麼意思呢？考察中國的整個近現代史，我們不能僅從中國看世界，更重要的是還要從世界看中國。具體到東南互保這個事件，它之所以會發生，顯然與外部世界有關，其實，整個近現代的中國立憲史，其發生都不是內生的，主要是來自於外部的衝擊。像中國這樣一個傳統的王朝帝制國家，其向現代的轉變，尤其是政治、憲政層面的轉變，幾乎都不是從自身內部衍生出來的，而是受到外部世界的影響，是在西方列強的衝擊下開始轉變的。如果沒有外部西方世界的衝擊，中國可以説三千年不變，到今天依然也是如此。當然這個外部衝擊，有幾個層面，首先是器物之變，然後才到制度之變，到觀念之變。所謂三千年未有之大變局，説的就是這種政治制度之變。對於王朝政治制度的衝擊，最關鍵的一點就是中外約章，也就是教科書所説的晚清與西方國家簽署的一系列不平等條約。

沒有中外約章，只是對外戰爭，不足以使得中國產生如此大的根本變化。我在自己的中國立憲史的著作中多次指出，近現代中國的最主要經濟、法律與政治的制度內容，都是從一系列對外約章中培育發生出來的，關於開放口岸，工商貿易，甚至司法、海關，還有新的權利保障，自由經濟，司法獨立，現代教育，信仰自由，社會開放，新聞媒介等，可以説構成現代社會基本制度的諸多內容，都在各個不同時期的對外約章中呈

現出來。所以對外約章是一種雙刃劍，有正反兩方面的意義。一方面是大家都會談到的不平等，對中國是喪權辱國，賠款、割地當然是對中國主權利益的巨大傷害，但是，另外一方面，中外約章打破了中國專制主義的大一統，給中國帶來了現代意義上的經濟、政治、文化與觀念的嶄新事物制度，這無疑具有促進中國走向現代化的積極意義。

這些中外約章，它們不是寫在紙上，而是要得到實施的，中國之所以會發生一系列對外戰爭，例如第二次鴉片戰爭，主要是因為中國不守約，簽訂的協約不遵守執行，列強最後只有用槍杆子迫你遵守執行。從形式上說，你是違約在前。為什麼要違約呢？因為這些約章中的相當部分條款不符合中國傳統社會的君主制禮儀秩序，也就是說，這些條款的很多內容與大一統的專制社會、皇權社會體制是相矛盾的。有關政府權力邊界、人權利保障，司法獨立，工商經濟，自由貿易等，都發端於對外約章，所以從憲政史的角度來看，對外約章所代表的外部世界力量，對於中國傳統體制的衝擊，對於變革道路的開啓，對於新政的塑造，都具有着重大的意義。

尤其是對外約章所開闢的海洋文明、海洋法、工商經濟，對於中國的影響至關重要。說到這個層面，我們可以看出，東南互保的達成也是由於外部西方勢力與中國內部變革勢力的結合，達成了某種公約數，然後才得以形成和富有成效。東南互保的第三層面其實就是中國與世界的關係，中國的現代化離不開世界大格局，中國是一個世界格局中的中國。如果沒有一個外部世界的參與，這些封疆大吏如果想紛紛自保或互保的話，那就叫做地方割據了，很難成功，即便成功那也是擁兵割據，不具有現代法政的立憲史意義。

東南互保的法政意義就在於，它通過東南互保與外部世界達成了一種結合，通過準國際法的條約方式保障了中國的半壁江山，用今天的話來説，促進了南方中國的現代化道路發展。現代化的道路，又迫使清王朝不得不進行政治變革，啓動新政，所以外部世界的衝擊，或者外部條件、外部因素一直是現代中國最重要的變革推動力量。沒有這個外部力量的壓力、衝擊和刺激，僅靠中國內部的變革力量，尤其是從一個傳統的絕對皇權專制社會轉型到一個現代的憲政法治社會，是很難成功的。中國近現代歷史中的幾次重大政治變革，都有一個強大的外部世界的衝擊和壓力。通過外部的強有力刺激，然後才能引發中國社會的內部變革，一百二十年以來一直如此。

　　當然，單純的外部壓力只是構成了外部壓力。通過東南互保，可以看出，外部世界對中國的內政並沒有具體的圖謀，他們只是從國際法和地緣政治的角度要求中國遵守執行已經簽署的各項條約，他們並不願干涉中國的內政，無意保光緒帝重新執政，他們只是要遵守條約。當時是晚清時期簽訂的一系列中外約章，現在説來，也就是聯合國憲章、國際人權法案以及類似於我們進入 WTO 等需要遵循的各種各樣的國際性章程。這些條約、章程具有着現代世界的國際法形式上的正當性與合法性，它們是與中國傳統的社會結構和政治體制相矛盾的。要求實施這些條約約章，就足以對中國內部的頑固派和守舊派產生重大的壓力，甚至不單是壓力，可能是付諸戰爭的力量。但是力量本身不是主體，它需要一個擔當者。

　　這個主體從晚清以降實際上有一個演變過程，至於在當代中國來説也有一個演變過程。晚清時代，剛開始是封疆大吏佔主導，到了晚清新政的時候，尤其是晚清立憲時期，主體變化了，封疆大吏和幕僚屬下退居其次，而一大批士紳階層、士

紳立憲派，尤其是當時中國的地方實力派、南方中國的地方士紳、工商企業家、知識分子、各種社團的領導者、媒體報館的思想啓蒙家等，他們組成地方諮議局，成為晚清立憲的主體。這批立憲派在南昌首義發生之後，雖然與革命黨合作，但他們與革命黨人是性質不同的變革勢力，這批立憲派形成了一種制衡性的中間力量，既對清王朝的復辟派形成制約，更主要的是對革命黨的激進主義形成制約。多種政治力量的共和協商與南北談判，通過革命制憲建國，成就了中國民國的構建，第一個中華民國即 1911 年到 1927 年的中華民國，可以說是中國立憲史上的一個光榮時期。

我經常這樣說，中國近現代的立憲史沒有黃金時代，但有白銀時代，那就是晚清立憲和民國初期的十年，它們是中國立憲史中的白銀時代。這個時代雖然看上去國家能力還處在一個積貧積弱的時期，但並不是教科書中所描繪的那種封建割據、軍閥混戰、民不聊生的時期，從晚清到中華民國的民初十年再延續到 30 年代初期，大致有二十多年的時光，可謂中國近現代歷史上的最佳時期，從憲政史的視角看，無疑是一個白銀時代。中國對外沒有陷入重大的戰爭，與外部世界基本上處在相對的和平時期，經濟發展，貿易發達，文化開放，言論自由，議會政治，大學自治，新聞自由，司法獨立，中西文明並舉，改革與保守兼顧。議會政治、制定憲法和地方自治，在這個歷史時間發揮着重要的作用。這些追溯起來就不能不說到東南互保，中國改良的立憲主義道路從東南互保到晚清新政、晚清立憲，再到中華民國的建立，我曾經視為中國版的光榮革命，一直到 1928 年國民黨黨國主義的興起，這是一段非常輝煌燦爛的歷史時期，稱之為白銀時代一點也不過分。此後中國的歷史就進入較為陰暗的時代，國家主義、民族主義和黨制國家成為主

流，革命激進主義成為大趨勢，世界與中國都進入了一個大轉折的時代，這段歷史不堪回首。

　　總之，如今我們重新審視歷史，一百二十年前的東南互保至少有上述三個層面值得我們思考：第一是南方中國，它給傳統中國帶來了一個生機勃勃的、開放的、經貿發達的新格局；第二是變法中國，在處於古今之變的中國變革中，它開啓了一個改良主義的中國立憲史；第三是世界中國，中國的變革離不開與世界的關係，現代中國一定要融入世界格局的大潮流，才能夠不斷進步，走向現代的民主共和與法治憲政之路。南方中國、變法中國和走向世界的中國，這三個方面就是東南互保留給我們的啓示，它們在今日也沒有過時，而且更為重要。

五、現代中國的變革之道
基於文明政體論的審視

　　我們處在現代中國的歷史變革之中，這個現代中國並沒有完成，我們既不是前現代，也不是後現代，而是處在現代中國的歷史三峽，並且面臨巨大的轉型危機。回顧近現代的中國歷史，自 1840 年鴉片戰爭以降，中國的現代化進程就經歷了無數次重大的轉型，可謂艱難曲折和驚濤駭浪，有康梁變法、晚清立憲、武昌首義、辛亥革命、清帝退位、民國肇始、民初制憲、國民革命、抗戰建國、國共合作、雙十協議、四六憲法、國共內戰、共同綱領、五四憲法，還有文化大革命、改革開放、八二憲法、香港回歸以及中國特色社會主義等，應該說當前中國的經濟社會取得了令人矚目的成績，但也日漸陷入難以為繼的泥沼。我們如何融入現代性世界的潮流，如何尋找自己的現代化道路，這是一個值得深思的問題。在此，面對喧囂不已的中國崛起論話語，我試圖從一種文明政體論的視角，主要探討如下四個方面的問題，它們依次為：第一，什麼是現代中國的「中國時刻」；第二，文明史意義上的「現代中國」；第三，什麼是文明政體；第四，何為現代中國的變革之道。

什麼是現代的中國時刻

　　政治學意義上的「時刻」（moment）這個概念追溯起來，最早來自西方 20 世紀劍橋學派的新共和主義理論。這個學派有一個重要的思想家叫波考克（J. G. A. Pocock），他的一本書，書名就叫《馬基雅維利時刻》（*The Machiavellian Moment: Florentine Political Thought and the Atlantic Republican Tradition*）。波考克站在共和主義的立場上，對馬基雅維利（Niccolo Machiavelli）的政治思想作了一個新的闡釋，尤其是從語境論的視角集中論述了馬基雅維利思想在他那個時代的特殊意義，從而使得「時刻」這個詞彙具有了一種政治思想史的含義，不再僅僅表達一種自然的物理時間。

　　「時刻」這個詞彙有什麼意義呢？ 波考克通過對於馬基雅維利思想以及於此相關聯的社會政治狀況的論述，賦予了馬基雅維利所處的時代狀況一種特別意義，那就是馬基雅維利從事的思想創作是為了一個意大利的國家構建，即從一種鬆散的、分裂的、各自為政的、眾多小邦國的狀況發展演變到一個強有力的政治共同體，這樣的一個動態的政治狀況，他視之為「馬基雅維利時刻」。

　　所以，「馬基雅維利時刻」指的是從鬆散的邦國體制通過強有力的君主體制或共和體制之行使，從而實現一個國家即意大利的統一與強大。一般來說，西方學術界大體上談到「某某時刻」，就其原初的思想史的含義來看，主要是強調其政治思想的意蘊，指涉的是一些小的、各自為政的政治群體或政治小共同體，如何成為一個強有力的現代國家的建構過程，這個過程就叫「時刻」。這個詞彙從哪裏來？大致就是從波考克的共和主義視角下的「馬基雅維利時代」而來。

波考克的這本著作影響很大，後來這個「時刻」就被一些研究政治思想的學者所使用，賦予了它更加廣泛的意義，例如，利維坦時刻（Leviathan moment）、洛克時刻（Locke moment）等。有學者認為，現代英國政治社會的發展，就是從一個利維坦時刻轉型到一個洛克時刻，這裏涉及英國內戰與光榮革命。總的來說，思想史上的政治轉型，從弱小、分散到強有力的政治共同體的形成，從弱國到大國形成的歷史階段，便被稱之為「時刻」。這個詞為什麼對中國學術界具有一定的吸引力呢？因為很多學者看到了這本書，看到了意大利馬基雅維利的失敗，看到了英國洛克的成功，他們就企圖把這個所謂的「時刻」借鑒使用到中國問題上來。換言之，在中國政治社會的歷史轉折過程中是不是也可以使用這個詞彙，是否中國也存在着一個「中國時刻」呢？這個問題聚訟紛紜。

我在十多年前寫過一本書《立憲時刻：論〈清帝遜位詔書〉》，這本書中有一個基本的觀點，即中國近現代史上的所謂辛亥革命不單純是革命黨人的激進革命和武裝暴力的結果，同時也還是一個南北合談、清帝遜位的和平轉型結果，這裏包含着「革命—制憲—建國」的複合邏輯，我將這個多方參與的革命與共和的政治轉型稱之為中國的「立憲時刻」。我認為，這個政治轉型的現代中國建立，屬一種經典的中國時刻，而且這個時刻具有立憲的意義，是一個立憲建國的時刻，具有政治憲法學的意義。它們確立了現代中國賴以立足的憲法根基，「革命—制憲—建國」這是中國時刻的首要內容。

當然，中國社會在變化，學術思想也在變化，經過百年的演進，現代中國的情況已經與中華民國時期的中國有了霄壤之別。尤其是經歷了改革開放的四十年，當今中國的經濟體量有了很大的發展，國力強大了，腰杆硬了，舉國體制的成就隨處

可見。於是有人提出中國模式論，大國崛起論，似乎今天的中國不但在世界格局中要佔據一席之地，而且還要承擔世界領導者的風範。於是，在中國的思想界，儒家保守主義甚囂塵上，我們看到儒家那一套政治儒學與舉國體制的官方論調相互結合，有人據此提出了一種「世界歷史進入中國時刻」的言說，這樣的想法其政治文化蘊含也是非常清楚的。

文明史意義上的現代中國

上述有關「現代中國」與「中國時刻」的討論，偏重於政治變遷，這裏面隱含着兩層更深的文明史問題。第一層是古今之變，第二層則是中西碰撞。

古今之變問題

我們先看古今之變。「現代中國」在此含義中，首先意味着從一個古典的政治轉變為現代的政治，或者從傳統的舊制度轉變為現代的新制度。說起來西方社會也有古今之變，從古典的、封建型的社會向現代的法政制度、市場經濟、工商文明、民主社會的轉變。正是在這個轉變過程中才有了一個「時刻」，這個時刻的本質在於確立了一個歷史性的標準，以此把古今的分野區別出來，通過這個「時刻」的運轉，促進一個民族在歷史過程中的現代轉變，或完成從古典傳統社會到現代社會的轉變。

中國要完成自己走向現代化過程中的古今之變，也有一個現代中國所要面對的首要問題——立憲時刻。這個時刻意味着從傳統的皇權專制社會到現代的民主共和國的轉變，我們要完

成這個重大的轉變，才有我們的「現代中國」的到來。在我看來，中國社會的這個政治轉型並沒有完成，一個現代的憲制、民主和法治的社會，一個現代的工商文明和政治文明，並沒有真正地完成，所以我們還一直處在古今之變的過程之中。

第二層即是中西碰撞或中西衝突問題。此處應該指出，中國作為一個後發國家，與西方社會有不同之處，即中國的古今之變存在着一個外部力量刺激變化的動力機制。

美國的中國研究學者費正清（John King Fairbank）有一個著名的「刺激—反應模式」理論。他認為現代中國的古今之變，從傳統社會到現代社會，從傳統的王朝帝制到現代的民主共和國的轉變，首先是來自於外部世界的刺激，西方列強對中國的侵入、壓迫、刺激，導致了中國的變化。中國的現代化首先來自外部世界的衝擊，然後才有奮發圖強，才有自主性的國家構建等。我認為費正清的觀點並沒有過時，具有很強的解釋力。回顧中國近現代史，我們對外部世界的認識有一個演變的過程。中國人先是從實效性的方面出發，然後才達到文明性的層次，這是中國認識世界的演變過程。也即是說，我們剛開始是認識到西方的船堅炮利，後來發現西方還有文明法則，還有一套法政制度以及科技與宗教等。孫中山等革命黨人接受的是西方那一套現代制度——三民主義以及憲法制度。至於中國共產黨，也是來自於西方的馬列主義、社會主義、共產主義那一套理論學說和體系，並不是本土中國自發生成的。因此，中國要完成古今之變，首先是一個借助於外力的過程，直至今日，我們也是處在這個外部力量促使中國變革的過程之中。

那麼，中國人如何看待外部勢力？這裏有一個認知轉變，開始是把外部勢力視為夷狄，後來逐漸認識到，他們也是文明

的，甚至是遠比中國還要文明的文明體制。為什麼會發生這樣的變化，究其實質而言，是因為關於文明的標準隨着古今之變而有了深刻的變化。外部勢力的衝擊不僅僅是功效上的，而且是規範性的。所謂外部世界或者外部刺激導致我們內部變化，如果僅僅只是功效上的成王敗寇，中國不斷敗績於西方列強，那麼中國人還是可以繼續秉持自己的夷夏觀，韜光養晦、臥薪嘗膽，最終爭取戰勝對手，繼而重新翻轉敗績。但是，如果我們的失敗不僅僅是功效技藝上的，而且還是文明政治上的，中國文明的傳統夷夏論就成為問題。也就是說，外部的勢力不再是夷狄，而且是文明體制，是開啓一個新的文明時刻的關鍵樞機，這個文明是中國傳統文明前所未有的新文明體系，那麼，傳統的夷夏論就面臨顛覆和解體的境況。所以中西碰撞或中西衝突的一個現代性結果，就是「現代中國」遭遇一種現代文明論的提升，「中國時刻」需要賦予一種基於現代文明論的、不同於夷夏論的文明新論。

如此一來，在研究現代中國的變革之道問題時，就有兩種對立的觀點或立場。一種是傳統保守主義的復古論，這個復古論嫁接中國模式論，試圖拒斥普世的現代文明論而復興傳統專制主義的帝國中華中心主義；還有另外一種觀點，那就是沿着古今中西兩個視角來反思中國的現代化進程，從而打造參與普世主義的現代中國政治文明制度轉型論。我一直認為，一個政治共同體在其發展演變的過程中，固然要尋求自我發展的自主原因，但也要認真考慮，這個共同體的發展是不是有一個從古典王朝政治或者專制性政治制度，到一個走向現代法治、民主、共和的轉型政治視角，有一個人民的自由、平等與幸福的權利主義的視角？如果缺乏這樣的一個基於人民主體的視角，這樣的共同體還是一個現代的人民共和國嗎？

所以，我們談及「現代中國的變革之道」，不能總是強調權力的政治化過程，強調如何構建一個強有力的國家體制，一個舉國體制的優越性如何打造，更主要的還是要強調其文明體制的意義。換言之，現代中國在文明史的意義上固然有政治塑造的過程，但對於這個過程，還要有現代憲法學意義上的追問：這個權力政治的過程是否被文明馴化了？權力政治是否經受過憲法的規範性審查？如果是單憑着政治強力，那是過去的王朝體制，是專制的體制，也是野蠻的體制，而不是文明的體制，不屬現代文明的譜系。在現代中國的構建過程中，政治權力或野蠻暴力一定要被文明馴化。

思想啓蒙問題

從這個意義上說，思想啓蒙是屬文明馴化政治的基本形態，任何一個民族，在其走向現代化的歷史發展過程中，都需要思想啓蒙的洗禮，也都有思想啓蒙的階段。下面我簡要論述中西啓蒙思想的小史，而中國傳統的政治儒學，他們是反對啓蒙思想的。西方啓蒙思想有多種形態，但是總的來說有三個比較典型的形態。

第一個就是法國啓蒙思想，它們強調人權，反對專制的王權和腐敗的教權。其主要觀點是強調個人的權利和自由，訴求與舊制度的決裂，要搞革命的激進主義，即試圖通過破壞舊體制，創造一個新世界。由此導致了法國的大革命。

第二個是蘇格蘭啓蒙思想。我個人比較推崇的是蘇格蘭啓蒙思想，這派思想主要是強調法治主義，訴求工商文明、私有經濟和自由貿易，強調文明進化，不對傳統的制度搞一刀切式的激進變革，不是要打破舊制度，而是強調改良主義。他們雖

然也強調權利，但這個權利是法律上的權利，而不是所謂的激進性的人權，他們也反對天主教的腐化墮落，但並不完全反對宗教與道德。

第三種啓蒙思想就是德國。德國早期的啓蒙思想受法國思想的影響，後來德國的啓蒙思想由於邦國受到拿破崙的入侵，激發出強烈的民族主義和國家主義思潮，轉向政治上的浪漫主義與保守主義。所以德國啓蒙思想中的民族主義、浪漫主義和國家主義就比較濃厚，而個人主義和自由主義的色彩相對薄弱，德國的國家主義和浪漫主義對於後發國家的思想影響非常巨大。

我認為，在西方啓蒙思想中蘇格蘭啓蒙思想最健康、最適中與合宜，但影響一直不是特別顯著。相反，法國和德國的激進主義和國家主義的思想卻是征服了世界，這是令人遺憾的事情。

中國的近現代歷史中，也有一個啓蒙思想的過程。應該指出的是，中國的啓蒙思想受到法國啓蒙思想和德國啓蒙思想的巨大影響，相比之下，蘇格蘭啓蒙思想在中國基本上很少有人涉及。很多人都把「新文化運動」和「五四運動」視為中國啓蒙思想的開始，我不贊同這個觀點。我認為真正的中國啓蒙思想要早很多，而且那時的啓蒙思想更為純正，因為受到的是英美思想的影響，可惜中斷了。

大致說來，從晚清立憲一直到 1911 年至 1924 年的中華民國，這個時期其實是中國啓蒙思想的第一波。「新文化運動」、「五四運動」是第二波，第三波就是上個世紀 80 年代的改革開放。所以說伴隨着三個現代中國的政治形態，有三個形態的中國啓蒙思想，它們構成了中國啓蒙思想的小史。

第一波啓蒙思想是以變法改制面向英美法治社會為主導，這裏涉及西學東漸、洋務運動、康梁變法、晚清立憲和民國構建等政治變革，以及修律立法、創制現代教育體制等諸多內容。

第二波啓蒙思想是從文化習俗、文字運動開始的，然後導向意識形態的、面向德俄的啓蒙思想，後來導致了國共兩個革命激進主義政黨的崛起。

第三波基本上是開放與改革時期的啓蒙思想，剛開始是人道主義，擺脫前蘇聯的計劃經濟，到後來轉向英美的經濟學、市場經濟、法治社會等。首先是 80 年代文史哲的人文思想復蘇，人性復歸、人道主義討論，後來轉向經濟開放，自由經濟學變成了主流，然後是法學突顯，法治理論、民商法以及行政法開始大發展，最後是憲法學登場，並促成了中國憲法的八二憲法以及四次修憲。社會開始從國家體制中剝離出來，出現了個人、社會與國家的分離，一個現代社會結構的雛型大體呈現，圍繞着上述社會變革，各種思想理論紛紛出現。

所以，我認為第三波是全方位的思想變革，既有德國、法國的影響，也有英美的影響。從啓蒙思想的語境看中國，應該說中國一直是缺乏法治主義的，但是中國不缺乏法制，即法家或儒表法裏的管制，真正的法治是現代意義上的憲制，就是約束公權力恣意妄為，不能濫用公權力，這個法治狀況離我們還是相當遙遠的。當然，在經濟社會層面，中國的變遷卻是巨大的，但是這些層面的變化受制於法治層面的約束，背後又有着文明意義上的約束。中國文明雖然源遠流長，但文明不同於文化，文明更主要的是指向文明政體，強調的是一套文明制度，這個制度說白了就是憲法制度。這個才是最關鍵的，這個憲法制度、立憲政治才是決定文明實質的真正的「壓艙石」。

什麼是文明政體

文明政體就其簡單的含義來說，指的是一套符合現代立憲政治的國家體制，或者一套憲法體制。政體是一個比較專門的政治學和憲法學詞彙，說起來比較複雜，簡單一點說，就是政治組織的架構，一個國家採取一套什麼樣的組織制度，就是這個國家的政體。或者進一步講，一套什麼樣的組織制度使得這個國家能夠構建起來，這套體制就是一般意義上的政體。

政體說起來有君主制、貴族制、民主制，這些都是政體的類型。一般來說，君主制是一個人握有統治權，貴族制是少數政治精英握有統治權，民主制就是多數人參與掌握國家政權。那些兼有貴族和民眾參與統治國家政權的政體，又叫共和制，它們是與君主制不同的體制。君主制在歷史上大多被民主制替代了，貴族制隨着貴族身份的消失也不存在了，但是，統治畢竟不是人民大眾的直接統治，在現代的民主制中就出現了代議制，即人民通過選舉自己的代表實施統治。所以，現代民主中包含了共和制和貴族制的因素，甚至也包含了君主制的因素，但本質上還是人民當家作主的體制，又可以稱之為主權在民的現代政體。

上述劃分主要集中於統治上的誰來統治，但是，究竟如何統治呢？這是另外一個問題，從政治文明的角度來看，上述的政體並非都是名副其實的，它們有名副其實的正常的政體，還有一些名不副實的變異的政體。正常的政體就是我剛才說的君主制、貴族制、民主制；變異的就是僭主制、寡頭制與暴民制。可以說，關於正常的政體與變異的政體的劃分，已經隱含着文明政體的意義，正常政體顯然是文明的，變異的政體其文明的意義就大大減弱，甚至淪為野蠻的政體。在政治學中有一

種二元政體論的理論，二元政體論首先區分的是這個共同體是野蠻政體還是文明政體，哪怕是君主制，如果是正常的政體，也是一個文明政體，至於野蠻政體，不僅存在於未開化的野蠻民族，也還存在於諸如一些變異的政體之中，例如僭主政體、寡頭政體和暴民政體。

所以，現代政治作為文明體制，有一個基本的標準，那就是憲法體制如何構建與實施，即按照主權在民的憲法而不是個人的專斷意志加以統治的國家就是文明政體。如果談人類歷史的進程，要有一個二元政體論的區分標準。第一個位階，就是要區分文明政體還是野蠻政體，或者半文明半野蠻政體，在這個位階之下，才有第二個位階的區分，即該政體是君主立憲制還是民主共和制，抑或民主制等。二元政體論與傳統政體論的不同，表現在要先區分文明和野蠻的政治制度，然後再談政體的不同類型。

我為什麼要談這個問題，並不是立足於知識考古學，也不是增加一些什麼新的知識點，這些都不是主要的。我認為中國現在面臨的問題，有一個自我中心主義的膨脹，以為中國看上去已經很強大，就不用在乎文明政治的標準了，或者說，就可以用我們自己確立的文明標準來評判世界，尤其是以中國古典政治的夷夏論來評議世界，其實，我們遠沒有達到一個現代文明的標尺所要求的文明狀態。當人們談論一個政體制度時，首先要問的是，這是一個野蠻政體還是一個文明政體，如果你是野蠻政體的話，那就不是文化多元的問題，而是文明與野蠻對峙的問題。

究竟什麼是文明與野蠻呢？這個問題又有古今不同的劃分標準。對於現代社會來說，文明與否首先是看這個國家是否有一個憲法體制，真正的憲法是規範政治權力恣意妄為的根本

法，這個憲法表達的是人民的契約。政治權力如果不受法律的約束，往往是野蠻的，憲法體現的是這個國家的最高權力來自於人民，主權在民是現代文明的首要標準。如何落實人民的統治呢？要實施人民參與統治的立法體制，要有一套民主制度，民主不是紙面上的，而是要落實為代議制或人民代表大會制度。此外，要監督政府的行政，要通過司法對個人權利予以保障。另外，軍隊主要是用來保護共和國外部的安全，對內的治理要有一套現代的治理體制和一套司法體制等。這些最基本的憲法內容，應該是衡量一個政體是否文明的標誌，缺乏這些，或者不能真正地實施這些憲法原則，僅是作為裝飾性的招牌寫到紙上，就不是文明政體，就是野蠻或半野蠻的政體。

因此，區分文明與野蠻政體，是我們今天談論「現代中國」的制度前提。如果沒有這個前提性的區分，僅僅以所謂的國家能力的強大發展，以中國模式論來立論，顯然是自己的一廂情願，也是與文明政治的歷史演變不相符合的狂妄不實之論。

何為現代中國的變革之道

其實，早就有經濟學者提出論中國近 40 年的經濟發展不是什麼中國模式論的產物，而是中國適應世界潮流的大勢之產物。張維迎教授就指出，中國改革開放以來的經濟發展，根本不是中國模式論所指出的中國獨特的政治體制或舉國體制的成功。中國經濟的成功來自下面的三個原因：一個是中國的改革開放所導致的市場經濟，使得中國經濟融入世界經濟的大潮；第二就是法治經濟，即中國通過建立一套法律制度而不是行政命令來管理市場經濟，從而使得中國的經濟運行具有市場經濟的規則與預期；第三就是 40 年來充分利用了世界新一波科技創

新的成果，趕上了一個高新科技時代的步伐。上述三點才是導致40年中國經濟發展的主要原因。

目前中國經濟的發展出現了很大困難，動力與勢頭不足，發展延緩，甚至個別領域出現倒退和危機。國進民退的大趨勢，大一統的計劃經濟反彈，法治經濟的預期不佳，市場規範的效果難以奏效，民營經濟的發展動力不足。這些都顯示出中國還沒有完全走出傳統社會的窠臼。在這樣一個國家處於變革轉型的關鍵時期，某些人舉旗高談中國的大國崛起和世界領袖風範，不過是另外一種思想文化意義上中國模式論的翻版。

我認為，只有首先確立了現代文明政治的標準，即存在着文明與野蠻政體的區分，然後才有多元不同的政體形式的類型差異問題。現代文明政治的根基是立憲體制，立憲政體才是文明政體，這一點既是古今政體的分野，更是野蠻政體與文明政體的分野。中國要進入世界歷史之中，並且期望出現一個「大國崛起」與「領袖風範」，這就不是僅靠中國的國力強大、經濟體量或軍事能力所能辦到的，這些器物層面的東西固然重要，但並不是最為根本性的，而是附屬性的。真正使得中國步入世界的，靠的是文明政體，即中國要實現一個具有現代文明性質的、維護中國人民尤其是每個中國人之自由權利的憲法體制，一個立憲政體才是中國未來進入「世界歷史」的根本保證。

一個現代中國的變革之道，說到底就是要祛除政治權力的野蠻，構建一個立憲政體，通過憲法約束權力的暴政，維護和保障每個人的權利不受侵犯。這是文明政治的立足點。要達到這一點，任重道遠，需要培育公民社會，需要建立法治政府，需要開放公共領域，需要工商經濟，需要言論自由等。一個社會的強有力的發展，一種公民文化的普遍盛行，尤其是公民美德的培育，而不是傳統儒家的私人德性的恢復，是中國文明政

治的關鍵所在。就國家體制來說，重在憲法制度的構建與實施，就中國社會來說，我們最缺乏的是沒有公德，即公共領域的道德。所謂的文明政體，是要在公共領域中體現出來的，是要在政治的文明程度中體現出來的。

就世界大勢來看，國家之間的真正較量不是經濟較量，而是制度之爭、文明之爭。總的來說，文明決定了經濟與文化的最終發展，一套制度是不是文明的，是不是具有現代意義的，這些就決定了你是否能夠實現一個歷史時刻的到來。英國時刻如此，美國時刻如此，中國時刻也是如此。在這個問題上，應該有一個文明政體論的標準，即現代意義的政體，不是一家一姓的，而是基於人民的，是摸得着、看得見的，是一個活的共和國。

我們處在一個重大的轉型時代，這個時代是一個從弱小到強大的國家治理時代，但是，對此我們也不要過分自信，我們應該明辨什麼是真正的強大而不是外強中乾，什麼是實在的繁榮而不是表面的喧嘩。只有中國社會的大轉型在制度上完成，建立起一個現代的文明政體，實現立憲政治的變革，從而達成國家富強、人民自由、社會穩定，我們才有資格奢談世界歷史的「中國時刻」。

六、新文化運動及其嬗變

　　百年之際，我們今天重新審視那個在中國現代歷史中曾經發生過深刻影響的新文化運動，尤其反思由其催生的經久不息的激進主義文化革命風潮，無疑是十分必要和恰逢其時的。時至今日，中國當今的文化思想界可以說是百家爭鳴，多元競爭，追溯起來，大多可以在百年前的這場新文化運動中找到它們的身影。這不足為奇，一切歷史都是當代史，一切當代史都可以在歷史中找到它們的發凡。簡而言之，對於這場新文化運動，我認為大致會有三種基本的思想理路：一是七十年來主流意識形態的升級版，或曰學術化的新左派激進主義理論版，他們把新文化運動與五四運動結合在一起，聚焦於黨國一體的國家主義或共產黨版本的民族主義復興偉業；一是自由主義的啓蒙思想話語，這是體制外民間乃至學院派主流思想的版本，集中於新文化運動的啓蒙思想意義，並訴求進一步發揚光大；還有一個就是新近崛起的大陸新儒家的文化保守主義版本，他們對於近現代以來的各種左和右的新文化啓蒙思想均持反對的態度。

　　對於上述三個思想版本以及相互之間圍繞着新文化運動的理論紛爭，在此不予多論，我試圖從一種文明演進論的視角，來審視這場餘緒盎然的新文化運動及其嬗變。文明演進論當然屬大的自由主義之思想譜系，但它不同於法國激進啓蒙主義的

思想理論，也不同於北美當今主流的自由主義政治理論，而是來自英國傳統的政治思想，尤其是來自 18 世紀的蘇格蘭啓蒙思想。從英國的輝格史觀（Whig history）以及亞當·斯密（Adam Smith）、休謨（David Hume）、弗格森（Adam Ferguson）的自由主義那裏培育出來的具有保守主義氣質的文明演進論，其文明觀和歷史觀無疑是自由主義的，但不是激進主義的自由主義，而是演化論的自由主義，或曰保守的自由主義。在我看來，這一思想脈絡恰恰是近現代西方自由主義的真正精髓，且與中國古今之變的歷史文化命脈若合符節。因此，對於百年以來的中國啓蒙思想，我們不能一味採取法國激進主義的認識方式，繼續擁抱革命的激進主義，而是要返璞歸真，重新回歸英格蘭啓蒙思想，回歸英美政治傳統，通過一種文明演進論的視角，重新思考中國啓蒙未竟的事業，這是中國自由主義思想理論所亟待解決的歷史文化問題。

新文化運動是一場思想啓蒙運動

審視一百年前發端的新文化運動，我們要有一個中華文化古今之變的大視野，應該首先確認它是中國歷史文化面臨古今中西交匯之際的一場偉大的思想啓蒙運動，這場新文化運動所展示的現代性的自由、民主、科學之精神，是千年中國古代歷史中所從來沒有過的，因此，它們具有着重大的歷史文化意義，具有着文明歷史演進的文化正當性。

一百年前的這場新文化運動，其反傳統、反儒教、反文言的啓蒙思想以及倡導新詩、文字改革和教育改革，進而推動社會禮俗等方面的除舊布新、開展國民性批判、懷疑歷史、清理國故，最後導致五四運動的發生等，這些文化乃至社會和政

治的變革內容，都被納入一攬子的新文化運動的譜系之中加以論説，儘管其中的深層內涵需要辨析，但總的來看，它們均屬一種思想的啓蒙運動，具有着歷史的必然性和文化的正當性。從文明演進論的視角來看，即便是英美那樣的傳統社會，其歷史的發展也都曾經出現過類似的邁向現代化或現代性的思想文化變革。這場思想變革在思想史中一般稱之為啓蒙運動，只不過英國和美國的思想啓蒙運動，採取的方式不是劇烈革命方式的，而是文明演進論的方式，這一點與法國啓蒙思想運動以及爾後發生的法國大革命有所不同。在英美國家，其社會與文明是同步演進的，它們屬哈耶克（Friedrich Hayek）所謂的自發擴展的文明秩序。在文明歷史的演進中，當然存在着新與舊的衝突，面臨着繼承與發展的問題，但並非一定要採取法國式的革命激進主義予以解決，從今天的角度看，或許英美式的變革方式更為可取，也更為富有建設性和生命力。

我認為，一百年前的中國這場新文化運動，其實質並不是法國式的啓蒙思想運動以及俄國的布爾什維克主義之中國化，而是具有文明演進論意義上的英美式的啓蒙思想運動，其文化正當性不在它後來變易歧出的革命激進主義，而在不幸夭折了的保守自由主義之思想變革。一百七十餘年，中國文明的古今之變表現為一波又一波的變革進程，從晚清的洋務運動到康梁變法，再到民國的新文化運動，這個變革進程一直採取的是英美主義的文明演進論的路徑，新文化運動就起發端來看，儘管看上去非常激烈，但本質上依然遵循着這條變革之道。説起來，新文化運動也不是中國獨具的一種文化變革現象，從宏觀的人類思想史的視野來看，這次文化運動的理論背景大致契合英國政治傳統的改革變易，更有蘇格蘭啓蒙思想為其辯證。也就是説，中國一百年前的這場新文化運動，與早期現代的英國光榮革命前後的思想，尤其是與蘇格蘭啓蒙思想，具有類似的

歷史文化邏輯。我們看到，18世紀的英國（包括蘇格蘭）也一樣呈現着這種基於文明進化與人性需要的文化變革，哈耶克的文明擴展秩序論，弗格森的世界歷史的文明進化觀，這些關於人類社會歷史的文明演化理論，都受到上述文化變革和思想啓蒙的深刻影響。變革也是中國傳統文化的一個重要內容，「生生之謂易」，所謂易者，生生不息之變化爾。儒家經典有殷周損益論，有移風易俗論，「周雖舊邦，其命維新。」在古今之變的歷史風雲中，這個古老命題依然是有生命力的，但凡一個富有生機的文明民族，都是在沉浮跌宕中一步步生長起來的，即便是一個生命有機體，也都有起沉祛病的時刻。所以，變革之道是中西政治思想史的一個核心主題。

新文化運動無疑屬現代中國肇始時期的一場文化變革運動，這場促使傳統中國文明起沉屙去痼疾的革新鼎故的文化運動，不僅具有現實的意義，而且具有歷史的意義，它是面對三千年未有之變局時期的開新篇的文化變革運動。中西激盪，古今變易，這場運動意義重大，要從歷史的大視野審視這一變遷，上升到文明演進的高度。如果説清帝遜位、民國構建是一場政治意義上的「光榮革命」，那麼，新文化運動便是上述政體革命在文化領域中的一種繼續或表現方式，具有與國民政治革命相互匹配的意義。正像我多次指出的，民國革命不同於法國大革命，乃是一種英國版的光榮革命，或政體論意義上的小革命，實質上是革命之改良，與此相應，1915年發端的新文化運動也不是後來嬗變的激進主義的文化大革命，而是一種改良主義意義上的文化小革命，是古今中西交匯變易之際的一場看似革命但本質上屬文明演進論的新文化運動。

所以，對於1915年發端的新文化運動，我們要有一種複合性的認識，我在此提出兩個重要的認識：第一，新文化運動發

端以來，實際上演化出兩種形態的新文化運動，或者說，有兩種新文化運動，一種是變革主義的或小革命意義上的新文化運動，一種是激進主義的或大革命意義上的新文化運動。主流的意識形態文藝學乃至歷史學，半個世紀以來，均忽視或混淆了上述兩種形態的新文化運動，並且集中於大革命意義上的新文化運動，而沒有或不願看到小革命意義上的新文化運動，更不願認為前者才是具有文明建設意義上的新文化運動，反而刻意把作為嬗變的後者視為新文化運動的正宗和主旨。本文認為，小革命意義上的新文化運動，才是真正具有正面價值和意義的文明演進論式的新文化運動，而從之變易乃至歧出的激進主義新文化運動，不過是改良主義新文化運動的嬗變和扭曲，其餘毒至今仍然沒有肅清。

　　第二，對於小革命意義上的新文化運動，實際上是存在着一個複調的結構，即它們並不是單一個聲部的文化思想運動，如果審視一百年前的新文化運動的整個全景，我認為，新文化運動是多個聲部的，至少是複調的，即在白話文、新詩、新倫常等主流變革的新文化話語之外，還有一個看似它們的對立面但實際上應該包含在其中的文化復古運動，即以《甲寅》和《學衡》為代表的文化保守主義的興起，它們應該被視為新文化運動的第二聲部。從大的歷史視野來看，文化保守主義也是新文化運動的一部分，而且在新文化運動的激情鼓盪期結束之後，反而融匯於其中，演化為小革命意義上的新文化運動之改良主義的一個重要的組成部分，甚至成為其內在的文明精神之回歸。歷史之手如此神奇，如此造化弄人，百年回頭我們再看這段文化歷程的複調之變奏，不由得感慨系之。

新文化運動的三個文化思想譜系

歷時十餘年之久的新文化運動，其主旨是一種在反對舊文藝的形式下接續傳統的文化演進，而非激烈決絕的歷史虛無主義，或極端主義的反傳統的現代革命主義。因此，要回復這個新文化運動的精神品質與歷史定位，其實質是要確立新文化運動的歷史演進的文明論；從寬廣的世界視野來看，這個新文化運動的主流精神是自由主義的啟蒙思想，或者更準確的說，是啟蒙主義的蘇格蘭式的文化變革，其基本價值是古典自由主義的，或保守自由主義的。為此，我在前面提出了兩個基本觀點；一個觀點是要區分兩種新文化運動的形態，第二個形態的革命激進主義的新文化運動不過是前期第一個形態的小革命意義上的新文化運動的嬗變與歧出；另外一個觀點是新文化運動的前期形態，並不是單一的內容，而是複合的多聲部的，其中又具有着一個複調的文化精神結構。

下面勾勒的三個思想文化譜系，它們都屬新文化運動一路演化變易的基本內容，其紛紛揚揚，與中華民國肇始以降的社會大轉型，尤其是政治大轉型密切相關。由於北洋時期的中華民國一波三折，現代中國的社會大轉型並沒有完成，其政治構架、經濟制度和社會結構都沒有塑造完成，所以，其思想理論乃至意識形態也就無所寄托，甚至十分混亂嘈雜，觀點疊出，論戰不息，莫衷一是。不過，下面三個思想文化譜系，它們因應時代問題，從不同的方面或發起或參與了新文化運動，共同造就了百年之際中國文明演進的這場文化大變革，升降浮沉，顛簸曲折，其各自的歷史命運直到今天也還沒有終結。總的來說，這場新文化運動主導以及衍生出來的三個文化思想譜系，大致構成了百年以來中國思想領域理論紛爭與學術建設的主脈。

自由主義啓蒙思想的譜系

第一，以胡適、蔡元培、錢玄同、林語堂、傅斯年等人為代表的自由主義啓蒙思想的譜系，他們構成了中國自由主義思想文化的主流趨向，也是新文化運動第一個形態的主要構成。這一波文化變革派或小革命意義上的新文化運動旗手，很類似英國光榮革命之後的洛克式哲學思想，尤其是 18 世紀的蘇格蘭啓蒙思想，他們追求民主、自由、科學、理性、批判、溫情、人道、和平，最終達成基於自由、民主、法治制度訴求下的文化改良之道。當然，就直接的思想來源看，胡適等人並沒有把新文化運動訴求的理論資源上溯到蘇格蘭和英格蘭，而是取自杜威（John Dewey）等功利主義以及法國啓蒙思想家伏爾泰（Voltaire）等，從這一點來說，早期中國思想啓蒙者的理論厚度還不夠，對於西方思想的辨析還有待深入。但從精神氣質和理論旨趣來看，我一直認為，胡適他們的歷史文化價值觀已經超越了杜威等人的功利主義以及達爾文（Charles Darwin）式的物競天擇的進化論思想，具有抵達英國思想之菁華的中國思想史之創發意義。這種名實不符、正着歪打的理論現象在中西思想史中也不是少有的個案，而是頻頻發生的，例如 13 世紀意大利的文藝復興，英國的光榮革命，還有中國的托古改制、別子為宗，無論是有意還有無意，都具有這種思想史上的歪打正着的意義。我們重新審視新文化運動的發端，也應該具有這種開闊的歷史視野。

庶民革命思想譜系

第二，以陳獨秀、李大釗為代表的布爾什維主義的庶民革命思想譜系。這派新文化運動的思想家，他們在新文化運動的

主要時期，與胡適等人看似並沒有多大的區別，打倒孔家店、推廣白話文、鼓吹新體詩等，可以說他們共同構成了新文化運動的第一波浪潮，屬新文化運動的主導或主流形態。但是，就新文化運動的進一步演變來看，由於他們深受法國大革命、俄國十月革命的影響，所以，在新文化運動的社會乃至政治的走向以及文化思想的邏輯演變等問題上，他們與胡適一派的改良主義革命或小革命，發生了重大的、甚至原則性的差別，構成了新文化運動的第二種形態，即激進主義的大革命式的新文化運動，而且這個第二種形態，裏挾着第一種形態，越來越成為新文化運動的主流。我們看到，這場日益激進的新文化運動鼓動了五四運動，宣傳了俄國十月革命的思想，進入了第三國際的組織譜系，發起組建了中國共產黨等。應該指出，這個與第一種新文化運動本質不同的激進主義革命運動，開啓了中國的共產主義以及革命主義的文化、社會和政治思潮，對國共兩黨，尤其是對國民黨左派和共產黨產生了重大的影響。這種革命主義的思想話語彌漫在中國近一個世紀之久，成為紅色中國的思想淵源，歷經數代，從五四運動到無產階級文化大革命，愈演愈烈，甚至到今天，也還沒有結束。這個文化思想譜系，一直以來被理論界視為新文化運動的正宗和主體內容，寫入歷史課本，並為官方意識形態所反覆歌頌和膜拜。對此，我們應該本着實事求是的歷史原則，指出它們只是新文化運動的一個思想譜系，而且是後發的變異的譜系，是新文化運動的嬗變或歧出，並非新文化運動的全部內容，也不是新文化運動的精神本質，其歷史的教訓遠大於其經驗，不值得一味歌功頌德。

文化保守主義及文化改良主義

第三，以章士釗《甲寅》、梅光迪《學衡》雜誌為代表的文化保守主義和以杜亞泉《東方雜誌》為代表的文化改良主義的

穩健派。按照一般流俗的觀點，這一脈思想譜系不屬新文化運動，甚至像《學衡》還被視為新文化運動的對立面。但我為什麼要把它們也視為新文化運動的一個思想文化譜系，而不僅僅是把他們視為新文化運動的對立面，構成了胡適、陳獨秀《新青年》的理論對手呢？這樣做是基於前述的關於新文化運動之複調結構的認識。在我看來，以《甲寅》、《學衡》兩個雜誌為中心的為新文化運動所激發的文化復古運動，以及杜亞泉所倡導的改良主義的文化穩健派，他們並非僅僅只是在於反對新文化運動，尤其是反對文學、文字等方面的改革，其實，他們倡導的文化守成不是本然的傳統主義或泥古主義，他們所主張的中西文化的調和也不是不講原則的和稀泥，而是以別樣的方式參與了新文化運動，構成了新文化運動的一個部分，構成了新文化運動複調結構中的另外一個聲部。「新文化運動」本身就包含着保守的內在蘊含，這個文化保守的內涵要若干年之後才在胡適一派新文化運動的反芻內省中顯現出來，尤其是在左派激進主義和革命主義佔據主導，新文化主流之鳩佔鵲巢時，保守主義與自由主義兩派之間的文化乃至文明的共同性才呈現出來。為此，我們發現文化保守主義並非只是一味復古傳統，而是在尋找一條既能安頓傳統又能與時俱進的文化演進方式，只不過採取的方式有些審慎保守，改良主義的色彩過重，以至於他們的改革內容被當時的人們嚴重忽視了，那時的話語權當然是在風起雲湧的革命派手中。但是，一旦革命激進主義得勢，甚至圖謀徹底橫掃傳統文脈，決絕歷史傳承之時，第一波新文化運動的開創者，例如胡適等人，就難以徹底贊同支持了，他們適才重新調整新文化運動的方向，開始靠攏傳統，重回改良主義的真意。這樣以來，兩派之間的鴻溝得以彌合，共識大於分歧。可惜的是，時機錯過，時勢已經為革命激進主義的文化理想以及政治上的國民革命浪潮所支配和控制，兩派共識的保

守主義文化思想被掃進歷史的垃圾堆。這個中華文明演進的一波三折的故事可謂風雨滄桑，杜鵑滴血，直到半個世紀以後的台灣和近一個世紀後的大陸文化思想領域的文明復蘇，才開始有所回潮。

新文化運動的複調結構

前述勾勒的三個新文化運動的思想文化譜系，實質上已經觸及作為一個歷史進程的新文化運動的複調結構，我在此使用這個詞彙，是基於文明演進的基本歷史語境，這裏首先需要指出的是 1915 發端以降的新文化運動的岐變。對於這個岐變，我上面用兩個形態的新文化運動予以描述，並且指出後一種大革命式的新文化運動是前一種小革命式的新文化運動的岐變或嬗變。其實，不只是自由主義有這種二分法的觀點，左派革命激進主義也有類似的認識，只是立論的思想依據有所不同而已。基於上述新文化運動的兩種形態以及三個文化思想的譜系之分析框架，我試圖提出另外一種對於新文化運動的歷史性理解，即通過一種文明演進論的歷史哲學，指出新文化運動之兩種形態之演進中的複調結構以及沉浮起落，並澄清如下幾個問題。

第一，新文化運動與五四運動，是兩件不同的事物，不能等量齊觀，也不能視為單一進步邏輯的直接推進。主流教科書大多是這樣描述這個歷史進程的，並把五四運動視為新文化運動的必然結果，甚至進一步把這個單一的所謂文藝進步論與爾後的文藝階級論、文藝革命論結合在一起，並納入新民主主義和共產主義的革命文藝譜系，至於胡適等人的思想觀點，則被視為落後、發動和倒退予以肅清和批判。這樣就不僅徹底排斥和否定了新文化運動的文化保守內涵，而且也肅清和否定了第

一波新文化運動之蘊含的改良主義的保守價值觀。在我看來，上述左派激進革命主義的認識，是違背歷史與文明演進論的，我認為新文化運動實質上是一種小革命或改良主義意義上的文化運動，而且是文明演進論情勢下的思想與文化變革，接續的是保守變革主義的傳統，走的是蘇格蘭啓蒙思想的路徑，主調是英美自由主義的價值理路。五四運動是一場政治事件，開啓了左派革命的激進主義，尤其是被新文化運動中的激進主義予以布爾什維克化而成為一種篡改歷史的扭曲。新文化運動與激進左派版本的五四運動，這兩種運動的訴求與價值取向是完全不同的，因而經過激進革命主義化的五四運動之後，新文化運動實際上就分化了，進而從實質上解體了，新文化運動成為政治上被利用的工具，其本來的文化與文明的意義被嚴重扭曲。

第二，在新文化運動消解後的一段文化積累時期，新文化運動中沉浮起落的左和右，雖然不同的思想流派各自表述，但已是面目全非，風光不再。原先的文化保守主義大半退出思想舞台，國民黨的革命激進主義異軍崛起，黨國主義與無政府主義、國家主義合流為一體，他們雖然也吸收了部分保守主義的內容，但思想文化上為政治勢力尤其是黨國主義所綁架，胡適一脈學人堅守新文化運動的自由獨立精神，苦苦堅守，但終不能為國民黨黨國的革命激進主義所容納。至於新文化運動中的革命激進主義，大部分則投入共產黨以及國際共產主義的紅色思想文化之中。共產黨的布爾什維主義、文藝左派（左聯）等則廣泛吸收並強化了新文化運動的革命激進的思想，進一步馬列主義化，此後經過艱難曲折的軍事鬥爭，一路高歌猛進。伴隨着共產黨中國的建立，激進主義成為國家的主導意識形態，並且為毛澤東後來發動的無產階級文化大革命提供了可資利用的思想理論武器。

第三，1915年發端的新文化運動及其演化，在思想觀念和運動實踐逐漸發生了岐變，健康的文化啓蒙思想以及文明演進論的文化實踐，諸如文字改革等，雖然取得一定的成功，但終究被黨國主義所綁架，為激進革命主義所顛覆，致使變革與保守的中庸融匯之新文化運動設想，難以達成。傳統文化，尤其是儒家文化，成為遊魂野鬼，新文化蛻變為流氓無產階級文化，以及意識形態的蠱惑宣傳。文明斷續，斯文不再。因此，審視新文化運動的潮起潮落，我們應該超越歷史迷霧，首先恢復新文化運動的本來面目，即它是一場有限度的文化革命或文化變革，其底色是接續傳統文脈，促成中國文化的現代性轉變。有變革，有繼承，其目標是古今中西之交匯融合。因此，要同情地理解傳統，甚至接續傳統，而不是左派激進主義的文化大革命。要區分文化的「小革命」與文化的「大革命」，認清兩者之間的本質差異。如果説在一百年前，新文化運動的三個思想譜系，其主流趨向是自由派與革命派相聯合，共同反對舊文藝、老傳統和歷史痼疾，那麼經過一百年來革命激進主義的慘痛洗禮，今天的中國之文化變革，則需要自由主義與文化保守主義相互聯合，求同存異，共同抵禦左派激進主義和民粹主義對於中國文明的最大破壞。

　　一百年過去了，我們説中國的現時代依然需要新文化運動或啓蒙思想運動，但關鍵是何種新文化，誰之啓蒙，這個問題要辨析清楚。我認為與時俱進的「古典的現代性」之啓蒙思想運動，即蘇格蘭啓蒙思想之中國形態，這個也是一百年前新文化運動的本來面目、初始理想與發動機緣。不幸的是，這個新文化運動中途夭折了，而其文化啓蒙的歷史任務並沒有完成，一百年之後的今天依然迫在眉睫，新文化運動之「新」，即在於構建一個自由、民主和法治國家下的文明演進，賡續傳統思

想，融匯世界潮流，面向未來，開啓中華文明的新天命，這才是我們今天紀念與反思「新文化運動」的最大意義之所在。